美丽乡村湘西行

——湘西自治州 100 个美丽乡村

湘西自治州建设美丽湘西工作领导小组办公室　主编

湖南大学出版社 · 长沙

序 言
Preface

　　巍巍武陵，钟灵毓秀。过去，神秘湘西因为偏僻而贫困，因为蛮荒而落后。如今，在中国共产党的领导下，湘西州各族人民群众团结一心、奋斗不息，全力攻克贫困堡垒，着力建设美丽家园，即将摆脱千百年来的绝对贫困，全面建成小康社会。

　　建设美丽乡村，是建设美丽中国的基础工程，是实现全面小康的必然要求。习近平总书记指出，中国要美，农村必须美。党的十九大报告提出实施乡村振兴战略，开启了新时代美丽乡村建设的新征程。近年来，湘西州深入贯彻习近平生态文明思想，切实践行"绿水青山就是金山银山"的理念，紧紧围绕打造国内外知名生态文化公园和旅游目的地这一总战略、总愿景，持之以恒推进美丽湘西建设，全域开展美丽乡村创建，乡村面貌发生了历史性变化，人民群众生产生活方式发生了历史性变革，一大批生态宜居、产业兴旺、生活富裕、特色鲜明的美丽乡村如珍珠一般镶嵌在湘西大地上，成为脱贫攻坚与乡村振兴有机衔接的样板，充分展示了湘西州的脱贫质量和小康成色。

　　建设美丽乡村，不仅是湘西人民对美好生活的向往和追求，更是湘西人民自强不息的精彩实践。昔日贫困落后的十八洞村，华丽蝶变为人人向往的美丽苗寨，正是湘西州决战脱贫攻坚、建设美丽乡村的生动缩影和最好注脚。由州美丽湘西办组织编写的《美丽乡村湘西行——湘西自治州 100 个美丽乡村》一书，精选了 100 个美丽乡村，以图文并茂的形式，加上二维码导入，收录它们的特色风景、民俗风情、旅游路线等信息，作为湘西州美丽乡村的导览，希望让更多人走进湘西的秀丽山水，了解湘西的民族风情，领略湘西的农耕文明，感受湘西的乡村巨变。

美丽乡村美在满目葱茏的山峦起伏，美在鸟语花香的田园风光，美在干净清爽的人居环境，美在自强文明的精神风貌，美在淳朴好客的幸福笑脸。我们期待五湖四海的朋友，和湘西土家苗寨儿女一起，共建共享更加清洁、亮丽、文明的美丽乡村，把湘西州打造成自然山水大画园、民族风情大观园、绿色产品大庄园、休闲旅游大乐园、和谐宜居大家园，成为宜居、宜业、宜游、宜养的武陵胜境，成为人人心驰神往的"诗与远方"！

是为序。

蔡水喜

2020 年 9 月 1 日

目 录
Contents

湘西自治州
*100*个*美丽乡村*
示意图

桂英村　万宝村

龙山县

甘露村

黔张常高铁

长兴村

塔卧居委会

双景村

卡木村　咱河村

洛塔乡　头车村

楠竹村

洞坎村

脉龙村

司城村

巴沙村

永顺县

硕乐村

新建社区

捞车村

双凤村

王木村

自生桥村

西那居委会

西米村　场坪村

小溪村

杨家村　岩冲村

那必村

酉水

雨禾村

高坪村

里耶镇

陇木峒村

芙蓉镇

白云山村　沙湾村

凤

碗水库

栖凤湖村

高望界村

拨茅村

红石林村

酉水

坐龙峡村

石门寨村

保靖县

岩排溪村

和平村

古丈县

边城镇

牛角山村

隘门村

翁草村

龙鼻嘴村

花垣县

紫霞村

金落河村　吕洞村

磨老村

沙科村

夯吉村　黄金村

中寨村

新科村

金龙村　隘口村

榔木村

岩锣村　夯沙村

十八洞村

芷耳村　坪年村

德夯村　家庭村

排兄村

补点村

芭蕉坪村

大夯来村

双龙村

矮寨镇

坪朗村

吉首市

科技园社区

黑塘村

泸溪县

（原寨龙村）

大陂流村

扪岱村

大兴村

红土溪村

禾库社区

新寨坪村

五果溜村

凉灯村

黄家桥村

早岗村

鸭堡洞村

都歧村

浦市镇

雄龙村

胜花村

马王溪村　浦溪村

竹山村

银井冲村

老洞村

达岚坪社区

天龙峡村　拉毫村　菖蒲塘村

凤凰县

大坡村

美丽的峡谷
——吉首市矮寨镇德夯村

　　"德夯"，苗语的意思是美丽的峡谷。德夯村集自然峡谷、山水风光、苗族风情为一体，古苗寨、接龙桥、悬崖栈道、矮寨大桥、公路奇观交相辉映。这里峰峦叠嶂，峡谷深邃，飞瀑流泉，林深路幽，冬暖夏凉，是一个人间绝美的风景胜地。

　　苗寨建筑古色古香，清一色"五柱八挂"样式的传统木屋——黑青瓦、雕花窗、吊脚楼。苗鼓、苗歌、苗拳、苗狮、苗绣等传统习俗保存完好。"三月三""四月八""六月六"、苗年、斗牛节、姊妹节等苗家传统节庆活动经常在村里举办。特别是大型实景剧《山风鼓韵》，是一台视觉听觉的饕餮盛宴，游客演员互动其中，高潮迭起，场场爆满，好评如潮，赢得中外游客的高度评价。

　　德夯原生态美食风味独特，有桃花虫、腊肉、石磨豆腐、酸鱼、酸肉、土鸡、岩鸭、枞菌、蕨菜、地木耳等，游客们品尝以后，无不啧啧称赞。

　　德夯村共有 144 户近 600 人，村民个个能歌善舞，多才多艺，基本从事旅游服务工作。村里有 12 家农家乐客栈、65 家旅游商品店，全村年收入 600 多万元。可谓：百年公路奇观

如歌如画，千年苗寨风情如酒如蜜，万年峡谷风光如梦如幻。

※ **主要看点**

游德夯峡谷，望矮寨大桥，品生态美食，玩篝火晚会，赏《山风鼓韵》

※ **交通指引**

路线一（自驾）：吉首市区沿319、209国道共用段向西出发，经寨阳村、坪朗村、矮寨镇，抵德夯村；

路线二（自驾）：包茂高速（吉茶高速）经矮寨特大悬索桥，在矮寨出口下高速，经矮寨公路奇观，沿209国道行驶至矮寨镇，抵德夯村；

路线三（公共交通）：吉首火车站乘11路（吉首—德夯）公交车半小时直达德夯村。

2	矮寨大桥
3	长桌宴
4	激情苗鼓震流纱
	德夯苗家跳歌坪

1

苗家住在鹰背上
——吉首市矮寨镇排兄村

　　排兄村位于矮寨奇观核心景区，距市区约 30 公里，是一个纯苗族聚居村。国道 319、包茂高速公路穿村而过；辖 5 个村民小组，303 户 1186 人；被列入第三批"中国少数民族特色村寨"。

　　排兄村拥有得天独厚的自然风光和神秘厚重的苗族文化底蕴，每年都要在这里举办世界苗鼓节、苗族百狮盛会和"二月二""四月八"、赶秋节等苗族传统节庆活动。

　　吉斗苗寨是排兄村的四个自然寨之一，它坐落在像一只展翅欲飞的岩鹰般的山岭上，寨子两面的悬崖峡谷，被国际地质界称为"金钉子剖面"。这里谷深林密，景色宜人，寨前有梯田层层，春季到来桃红李艳；秋收时节，金浪滚滚，又被称为"桃花寨"。吉斗苗寨只有几十户人家，十分秀气古朴，五柱八挂的四榀排房，乌黑发亮的桐油板壁，镂龙刻凤的雕花，青石板的小路，就是一幅古老的苗岭画卷。吉斗苗寨前的峡谷中有一山峰兀立，沿

2	4
1	3

山岚飘渺吉斗寨
天问台下云潮涌
稻花鱼肥生活美
排兄村口鼓相迎

山脊线上的羊肠小道可登顶，顶部圆而平坦，是著名的天问台景点。

排兄村保存有 199 栋百年古民居，村寨里有银杏古树、明代古桥、传统古井、千年河道、石板古街等古迹。千年苗寨排兄村也是湘西鼓文化的重要发祥地。苗族同胞爱鼓、护鼓、敬鼓，苗鼓也成为了首批国家级非物质文化遗产。鼓声传递着苗族文化的神秘密码和苗家儿女的精气神，苗族音乐、舞蹈和远古的历史、灿烂的今天在这里融合交会，演绎着"神秘湘西，天下鼓乡"的神奇。

※ 主要看点

天问台，吉斗苗寨

※ 交通指引

路线一（自驾）：吉首市区沿 209 国道向西，经过矮寨公路奇观，上矮寨坡，到吉斗寨矮寨游客接待中心即到；

路线二（自驾）：走包茂高速（吉茶高速），在矮寨出口下高速，向右行驶（吉首方向）约 1.2 公里即到；

路线三（公共交通）：吉首市内乘坐前往花垣、秀山、重庆方向的班车，翻越矮寨坡后，到吉斗寨矮寨游客接待中心下车即到。

悬崖上的"家庭"
——吉首市矮寨镇家庭村

　　家庭村位于吉首市西郊海拔 700 多米的高山台地之上，全村 86 户 380 多人，是"中国少数民族特色村寨"。

　　家庭村苗语叫"搭勒"，自己的、一家人的意思。

　　关于家庭村的来历，流传着一个传奇温馨的爱情传说。相传很久以前，大山深处芷耳寨有一对苗族年轻人相恋，但受到双方家长的反对。两人逃婚，来到这里隐姓埋名，定居下来。他们在这里餐风露宿，垦荒耕种，生儿育女，很快发起家来。年纪大了以后，他们又下山，同他们的父母及兄弟姐妹建立了联系。有一年，他们同山下的亲戚朋友约定，第二年四月八日这天，请山下的亲朋好友们都到山上来，大伙儿一起吃饭喝酒，唱歌跳舞。于是，到了这一天，他们一家子杀猪宰羊，大宴山下的宾客。酒醉饭饱后，唱起山歌，载歌载舞，举行隆重而热烈的活动。从此以后，这活动就延续下来了，这就是湘西苗族重大节日"四月八"的来历。

　　家庭村三面悬崖绝壁，中间是盆地，幽岩邃谷，地形险要，曾是明清时期交通要塞，也是抗日战争时期护卫湘川公路矮寨天险的重要防御工事，至今保留有四处抗战遗址。

　　登上家庭村，西可观矮寨大桥之雄伟；西北可俯瞰德夯之秀美；北可欣赏四清亭、洽比河之谷韵，吕洞山之雄伟；东可体味中黄古村落之静美；南可远眺吉首市区林立高楼。山风习习轻轻拂面，花香阵阵沁人心脾，令人心醉神怡。

苗寨自然风光，民族风情，苗族"四月八"，抗战遗址

路线一（自驾）：吉首火车站沿209国道向西，经坪朗村至矮寨镇区，右拐入德夯景区方向，家庭村牌楼处右拐，半小时盘山公路到达家庭村；

路线二（自驾）：走包茂高速（吉茶高速），在矮寨出口下高速，经矮寨公路奇观下坡至矮寨镇区，左拐入德夯景区，家庭村牌楼处右拐，半小时盘山公路到达家庭村；

路线三（公共交通）：吉首火车站乘矮寨大桥景区专线公交车至德夯新寨公交站下，步行至家庭村（也可乘坐通往家庭村的面包车至家庭村）。

2	夕照乡村美如画
3	家庭苗寨岁节浓
1	赶边边场

山环水绕　豆腐飘香
——吉首市矮寨镇坪朗村

　　清清的峒河水，潺潺流淌，一路欢歌，流经此处，缠绵多情地将一个小村寨轻轻揽入怀中。大自然慷慨馈赠，天设地造地留下一个山水盆景一样的古村落，它就是"中国少数民族特色村寨""中国传统村落""全国文明村镇"——坪朗村。

　　坪朗，苗语叫"己缴"，意为平旷宜居的地方。坪朗村位于209国道吉首市至矮寨镇的路上，距吉首14公里，是湖南吉首峒河湿地公园的重要组成部分。全村5个村民小组386户1382人，5个自然寨分别坐落在峒河两岸，属苗族自然聚居村落。村内古树、古渡、古碾保存完好，村舍民居大多数为民国以前的青砖黑瓦木制古建筑，封火墙，雕花窗，吊脚楼飞檐翘角。村寨四周山环水绕，群峰叠嶂，树木葱茏，风光秀丽。

　　看矮寨大桥、游德夯苗寨、品坪朗豆腐一直是中外游客和吉首市民度假休闲三部曲。坪朗手工水磨豆腐色香味浓，是湘西传统美食里一张亮丽的名片。其制作工艺从晚清开始流传，至今已有一百多年历史。其原料选用本地优质青皮黄豆，山泉水浸泡，手工石磨磨浆，柴火灶铁锅加工，制作出的成品有：水豆腐、油豆腐、干豆腐、卤豆腐、豆腐脑、热豆浆、菜豆腐等。

※ **主要看点**

　　游坪朗苗寨，品坪朗豆腐

※ **交通指引**

　　路线一（自驾）：从吉首市市区出发，沿209国道向西行驶十五分钟，即抵坪朗村；

　　路线二（自驾）：走包茂高速（吉茶高速），过矮寨特大悬索桥，在矮寨出口下高速，经矮寨公路奇观下坡至矮寨镇区，沿209国道向吉首方向行驶10分钟抵坪朗村；

　　路线三（公共交通）：吉首火车站乘11路公交车或矮寨大桥景区公交专线车，在坪朗村公交站下车。

1	2
	3
	4

坪朗的节日
集中安置点
坪朗豆腐满河香
苗家纺织

保寨楼上看绣姑
——吉首市矮寨镇中黄村

恰比河畔的中黄村位于吉首市矮寨镇的东部，距吉首市区15公里，由原重午、补沙两村合并而成；辖4个村民小组，210户1050人，是一个典型的苗族聚居村。

中黄村居住的都是杨姓苗族居民。据传，他们的先祖原居住在外面的小寨，经常把牛赶进来放养，每天清晨赶进来，傍晚赶回去。到了某年冬天，牛不肯回栏，就在重午这块坪里歇息，怎么赶也赶不回去。村里人很奇怪，请来一位老先生察看。老先生一看，说这里是一块冬暖夏凉、藏风纳水的宝地，所以牛不肯离开。于是村里人慢慢迁居到这里，繁衍生息，延续至今。

村寨风貌原始、民风淳朴、民俗独特。村内有多处明清时期文化古迹，被列入中国第一批传统村落名录，获评"中国少数民族特色村寨""湖南省十大'记忆里的乡愁'原味乡村休闲地""湖南省重点文物保护单位""湖南省文明卫生村寨""湖南省少数民族特色村寨""湖南省旅游特色名村"和"湖南省历史文化名村"。

中黄村与国家4A级旅游景区矮寨奇观景区仅一山之隔，毗邻矮寨公路奇观、矮寨大桥等知名景点，地理位置十分优越。其核心景区重午古苗寨是最具苗族风貌的典型村落，是湘西苗族村寨的缩影。重午苗寨是民国初期乾城县中窝乡（后改为中黄乡）乡公所所在地，现保存

中黄村重午苗寨
苗寨保寨楼（绣楼）
苗绣传艺
苗寨狂欢

的乡公所"衙门"旧址见证了中黄曾经的辉煌。寨内现存有苗族古建筑民居57栋200余间，是苗族木质结构"籽蹬屋"的代表性民居群。

整个重午苗寨依山傍水，家家贯通、户户相连。寨中最高的楼叫保寨楼，木质穿斗结构，共有四层，最上面的瞭望塔，是过去抵御兵匪的指挥中心，现成了苗家姑娘的绣楼。苗寨保存了苗族古老的传统文化技艺，如苗族刺绣、打花带、织布等。村里还建有黄金茶产业园、苗族刺绣产业园、黄桃产业园等产业园区。春赏花，夏玩水，秋尝果，冬品雪，美丽的中黄村是湘西州府的后花园，是民俗民居研究欣赏的绝佳所在。

※ **主要看点**

参观重午苗寨，欣赏苗绣技艺，戏水恰比河

※ **交通指引**

路线一（自驾）：出吉首市区沿武陵西路、209国道向西，右转进入狮子庵大桥，沿通往保靖县吕洞山镇的公路，行驶约12公里即到；

路线二（自驾）：包茂高速吉首出口下，经丹桂路、G209环线、209国道右转进入狮子庵大桥，再沿通往保靖县吕洞山镇的公路，行驶约12公里即到；

路线三（公共交通）：吉首市内乘坐2或11、13路公交车，狮子庵站下，转乘中黄方向的客车到重午古苗寨。

八卦阵里古苗寨
——吉首市矮寨镇补点村

补点村位于矮寨奇观景区的东北部，距吉首城区仅 11 公里，是一个纯苗族聚居的传统古村落。全村有 4 个自然村寨，152 户 642 人。这里自然风景秀美，资源十分丰富，森林覆盖率 75% 以上，是一个典型的"望得见山、看得见水、记得住乡愁"的苗寨。补点村先后获评"全国少数民族传统保护村落""基层文化建设双服务先进单位"和"湖南省文明村镇"。

清澈的恰比河穿村而过，补点卡、排帮、龙江和枫香湾四个自然寨依次坐落在恰比河的两岸。两侧如黛青山高入云端，清新的乡土新风扑面而来，补点村就在这如诗如画的山水峡谷之中。

排帮老寨是该村观光旅游的核心区域，是一个依山傍水的典型苗寨。纯木结构、砖木结构、砖石结构的民居依山而建，错落有致。古井、古树、休闲亭点缀其间。寨子里石板小路四通八达，从东家小院里可以进入西家大院，从前院可以通向后山。互通的巷道把家家户户连接成一个整体，游人初入其中，如同走进了一座八卦迷宫。这种有着典型的军事防御功能的设计和布局，有效地护卫了这个古寨。寨里还有光绪辛卯科（1891 年）举人石国斌的旧居，近年还新建了举人广场。

2	3
	4
1	

依山傍水的苗寨
古老民居一角
旭日初升照古村
恰比河里捞桃花虫

　　补点村依托恰比河流域进行文旅综合开发，原生态土蜂蜜为村民带来了生活的甜蜜，茶叶、蔬菜、水果种植和泥鳅养殖规模进一步扩大，原生态民宿、苗族传统文化演示、特色农事活动体验、亲子亲水、旅游公路等项目进一步发展完善，补点村吸引了越来越多的游客前来观光旅游。

※ 主要看点

　　探秘按八阵图布局的排帮苗寨，欣赏恰比河流域自然风光，体验神秘的苗家风俗

※ 交通指引

　　路线一（自驾）：从吉首市区出发，沿 209 国道右转进入狮子庵大桥，再沿通往保靖县吕洞山镇的公路，行驶约 8 公里即到；

　　路线二（自驾）：包茂高速吉首出口下，经丹桂路、G209 环线、209 国道右转进入狮子庵大桥，再沿通往保靖县吕洞山镇的公路，行驶约 8 公里即到；

　　路线三（公共交通）：吉首市内乘坐 2 或 11、13 路公交车，到狮子庵站下车，转乘去中黄方向的农村客车到补点村。

神龙迷恋的峡谷
——吉首市矮寨镇坪年村

坪年村是藏在山旮旯深处的一个美丽苗家山寨，是清末湘军名将杨岳斌的祖居地，是湘西州第一代苗鼓王龙英棠的故乡，曾获评"中国少数民族特色村寨"。

坪年村位于保靖县夯沙乡、花垣县排料乡、吉首市矮寨镇北部交界处，距吉首市 20 公里，距矮寨大桥 13 公里。坪年村地势北高南低，群山环抱，中间峡谷，山势险峻，绝壁奇峰林立，溪河蜿蜒交错，苗族风情浓郁。全村辖 5 个自然寨，221 户 1078 人。

坪年，自古以来就被称为"及第登科中秀才，手持朝廷铁饭碗，执鞭耕教荒无忧，因居宝地子孙贤"的风水宝地，神秘湘西非遗文化在这里尽情展现，有苗医、苗绣、苗歌、苗鼓、舞狮、蜡染、武术、巫术、还傩愿等民族民间技艺，代代相传。相传很久以前，湘西地区久旱无雨，百姓忧心忡忡，特请苗家巴代大师祈神求雨。神龙腾云驾雾飞越湘西山山水水时，却被这一条美丽的峡谷所迷惑，忍不住驻足停留。此时此刻，神龙在天有灵，骤雨从天而降，甘霖赐福百姓，坪年万物复苏，庄稼丰收在望。从此，这里山脉如青龙连绵不断，溪水似游龙蜿蜒流淌，峡谷深处云蒸雾绕，群山瀑布飞珠溅玉，坪年百姓安居乐业。

近年来，该村种植了黄金茶 2800 亩，黄桃 800 亩。"三月来坪年采茶叶，八月到坪年摘桃子"已成为坪年乡村旅游的"金字招牌"。

		3	坪年晨韵
2		坪年小景
	4	苗寨老房子
1		苗家打花带

※ **主要看点**

秀美风光，非遗传承，黄金茶基地，黄桃产地

※ **交通指引**

路线一（自驾）：吉首市区沿 209 国道右转进入狮子庵大桥，再沿通往保靖县吕洞山镇的公路，途经补点村、中黄村，抵坪年村；

路线二（自驾）：包茂高速吉首出口下，经丹桂路、G209 环线，上 209 国道右转进入狮子庵大桥，再沿通往保靖县吕洞山镇的公路，途经补点村、中黄村，抵坪年村。

龙脉上的古村落
——吉首市镇溪街道科技园社区（原寨龙村）

　　寨龙村，一个位于吉首市东部青龙山、金龙山、卧龙山三条龙脉上的古村寨。这里山势雄壮，如巨龙腾跃，蜿蜒连绵。有一座面积 150 亩水面波光潋滟的水库，巧妙地镶嵌其中；南北两侧龙头方向有两个自然形成的水井。

　　寨龙村距吉首市中心 3 公里，交通十分便利。其区域总面积 12.3 平方公里，全村 4 个自然寨，村民 95 户 453 人，少数民族占总人口的 97.2%。土地以山坡为主，人均耕地不足 1 亩。但是，其原始次森林面积有 3000 多亩，森林覆盖率超过 90%，森林里负氧离子常年超过 8000，含量是市区的 27 倍，是一个适合生态休闲、康养健身、娱乐度假的天然氧吧。

　　遇见美丽的寨龙，收获最美的心情。寨龙村乡村旅游以古寨探幽、农耕体验、休闲娱乐、原始次森林游览四大功能为主。万亩荷塘、水上乐园、休闲垂钓、老寨民宿、娱乐观光等众多项目可满足不同游客需求。

2	寨龙村全景
3	寨龙水库一角
水上吊桥
1	4	农家小院

※ **主要看点**

古寨探幽，水库观光，休闲氧吧，夏日赏荷，度假胜地

※ **交通指引**

路线一（自驾）：常吉高速入口雅溪段，往左经 319 国道绕城公路，见寨龙村入口标识牌，往右侧上坡，约 15 分钟抵寨龙村游客服务中心停车场；

路线二（自驾）：走吉首市环城路，经吉首市民族中学、坪山坡村，抵寨龙村。

传说中的洪家大院
——吉首市峒河街道小溪村

小溪村位于吉首市西北郊，距吉首市火车站不到4公里。全村总面积8.3平方公里，辖排坨、大寨、小河三个自然寨，共有5个村民小组，218户1030人，是一个纯苗族聚居地。

小溪村山环水绕，树木葱茏，森林覆盖率90%以上，获评"中国少数民族特色村寨""中国传统村落""湖南省美丽乡村示范村"等多个荣誉称号。

这个苗族聚居的村寨充满着汉文化元素，尤以洪家大院最为经典。洪家大院建筑群占地近9000平方米，建筑面积超过6000平方米，距今已有150多年的历史。飞檐翘角的外观，精雕细刻的门窗，图文并茂的墙砖，是典型的明清风格建筑。它的建筑主体为四进大院，外面是封火墙，内面是五柱八挂的大木房，正屋、厢房、书房、保家楼、绣花楼、马厩等一应俱全。

据传，洪家大院是太平天国天王洪秀全的后裔所建。太平天国运动失败后，洪秀全的后裔隐姓埋名，逃到这个偏僻山村定居下来，修建了这座规模宏大的建筑，从而给这个秀美的苗寨蒙上了更为神秘的面纱。

洪家大院前有荷花池塘、洪家桥；左边旗帜山上有卧龙古井；右边是大院的天然屏障雷公坡；大院后有古道小径通向山顶。山顶上有古寨堡残存的大门、二门和断续的石墙，依稀

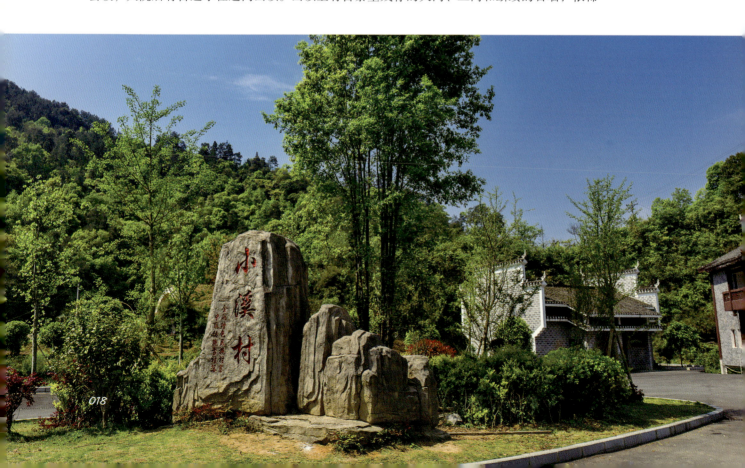

352国道穿境而过，交通十分便利，是乡村旅游的好去处。

※ 主要看点

南长城喜鹊营关隘，黄金茶海，苗疆茶文化

※ 交通指引

路线一（自驾）：从吉首火车站出发，沿光明北路、酒鬼酒大道、229省道行驶约15公里，隘口村入口提示左转进入村道约2公里即到；

路线二（自驾）：龙吉高速吉首北出口下高速，经093乡道，进入229省道往张家界方向，行驶约6公里，隘口村入口提示左转进入村道约2公里即到；

路线三（公共交通）：在光明桥头搭乘8路公交车，到终点站下，沿小溪河谷步行约2公里即到。

	2	
3	4	5
1		

隘门雄关
美丽茶园
黄金茶合作社
茶马古道
清清司马河

"钢火烧龙"传承地
——吉首市马颈坳镇椰木村

　　椰木村距吉首市区 10 公里，距马颈坳镇政府 2.5 公里，是一个土家、苗、汉族杂居的行政村；辖 4 个村民小组，共有 236 户 1037 人。该村地处吉首、古丈、保靖三县市交界的中心地带，张家界和凤凰黄金旅游线之间，229 省道、永吉高速公路、铁路穿村而过，湘西黄金茶博览园、吉首铁路物流园、工业仓储物流园即将落户这里。

　　椰木村是湘西"钢火烧龙"的传承地，湘西"钢火烧龙"已有 300 多年的历史。相传是当地群众为了避免灾害，得来吉祥，定于每年的正月十五元宵节，举行隆重的"烧龙"仪式。在舞龙过程中，利用特殊的原理，呈现出火花四射、流光溢彩的效果，使整个活动激情澎湃，充满原始的血性、狂野，现在是湘西州非物质文化遗产。

　　目前，该村利用距吉首市近的区位优势，精心打造夜经济。村里的产业推进可用三个短语来阐述："荷塘月色""鸟语花香""鱼跃龙门"，即建设一片莲叶田田的荷塘，一个动植物观光园，一个太空鱼基地的娱乐项目。美妙的田园风光、乡村美景如画卷般徐徐展开，只等您的到来。

	2	3
	4	5
1		

公路串起榔木村
荷塘小道花果香
荷花池畔新民居
凉亭
钢火烧龙

※ **主要看点**

参观茶博园，品鉴黄金茶，赏夜景吃美食

※ **交通指引**

路线一（自驾）：从吉首火车站出发，沿229省道张家界方向行驶约6公里抵榔木村；

路线二（自驾）：龙吉高速吉首北出口下高速，沿229省道张家界方向行驶约6公里抵榔木村；

路线三（公共交通）：吉首光明桥乘坐酒鬼酒股份有限公司方向的8路公交车，榔木村公交站下车即到。

和谐宜居大家园
——泸溪县浦市镇马王溪村

在风景如画、一步一景的湖南湘西，马王溪村是被湘西州委书记叶红专盛赞的"湘西第一村"，是专家学者们首肯的美丽新农村。

马王溪村交通方便，距浦市古镇 4 公里，离达岚岩门古堡寨 5 公里，至今已有 300 多年历史。全村辖 6 个村民小组，368 户 1800 余人。村庄依山而建，规划整齐，农家别墅与青山绿水相映成趣，干净整洁的巷道穿梭其间，让人格外惬意。

七彩花果园，是马王溪村的名片。七彩花果园占地 1000 余亩，春桃秋菊，玫瑰紫薇，百日草，格桑花，轮番开放；黄桃草莓，葡萄柑橘，各类水果四时不断，让马王溪一年四季掩映在花的海里，醉在果的香里，整个村寨成了自然山水大花园、绿色产品大庄园。精品民俗、山地滑草、高空悬索桥点缀其间，这里常年游人如织，络绎不绝。

村办陶瓷厂——鑫隆陶瓷厂，是马王溪人引以为傲的产业。陶瓷厂主要生产以酒鬼酒瓶为主的各类酒瓶，年产值 8000 万元，吸引了当地及周边村寨村民 200 多人在这里就业，平均月工资达到 3500 元。依托鑫隆陶瓷厂，村里新近建成了 200 平方米的陶艺馆，陶艺

2

3 | 4

1

桃花盛开马王溪
精美民宿
陶瓷生产车间
陶瓷体验馆

馆设展览区和体验区，让游客在游览之余，玩玩泥巴，学学陶艺，过一把童年瘾。

马王溪人还立足当地实际，引导村民入股，组建了七彩生态旅游公司，打造了乡村旅游的成功范本。

※ **主要看点**

七彩花果园，体验陶瓷工艺制作

※ **交通指引**

路线一（自驾）：吉首市区进杭瑞高速，泸溪高速出口下，沿319国道进入白浦公路，往浦市方向行驶约25分钟抵马王溪村；

路线二（自驾）：泸溪县内沿白浦公路，往浦市方向行驶，约20分钟抵马王溪村；

路线三（公共交通）：泸溪县汽车站乘往浦市镇的县际班车到浦市镇汽车站下车，在浦市镇农技推广中心转乘农村公交，约5.8公里到马王溪村。

万荷园畔文化村
——泸溪县浦市镇黄家桥村

　　"春听山歌长，夏品万荷芳；秋赏中元景，冬闻宴席香。"这个四季风景美丽如画、全年民俗活动不断、人气极旺的地方，就是泸溪县浦市镇黄家桥村。全村占地4平方公里，辖5个村民小组，376户1527人。

　　黄家桥村文化底蕴深厚。1986年，在这里发现了桐木坨古墓葬，后发掘出历代墓葬182座，其中战国墓50座，汉墓15座，出土器物394件。

　　明清时期，便捷的水路造就了商业的繁华，各地商人云集于浦市，买卖之余置地建房，前店后院式的"窨子屋"极具特色。其中，尤以黄家桥村的吉家大院为最，有"北有乔家大院，南有吉家大院"之说。2008年，时任湖南省文物局副局长何强在浦市看了吉家大院后表示："吉家大院是我省迄今发现的建筑设计最精致、保存最完好的明清大宅院。"

　　被这青瓦白墙、鳞次栉比的"窨子屋"温柔地抱在怀中的荷花池，叫做万荷园。万荷园占地200余亩，园中鱼肥藕壮，莲叶田田，万荷竞放，芳香四溢。

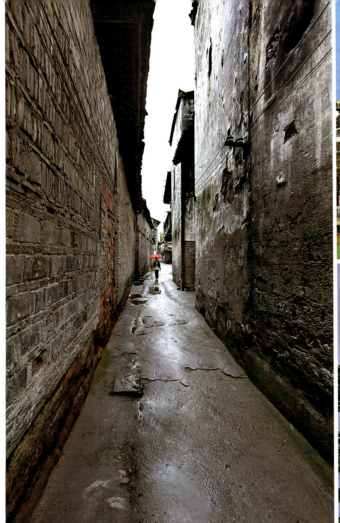

	3	万荷园畔新农村
2		黄家桥古巷
	4	吉家大院
1		民宿

　　著名爱国主义教育基地——国民党陆军监狱位于这里，中国戏曲的活化石——辰河高腔在这里经久传唱，抬黑龙、划龙舟、闹中元等节庆活动在这里轮番上演。如果说，浦市古镇曾是湘西四大名镇之首，那么，黄家桥村就是这顶桂冠上最闪亮的明珠。

※ 主要看点

万荷园荷花节、吉家大院、黄家桥古巷

※ 交通指引

　　路线一（自驾）：吉首市区进杭瑞高速，泸溪高速出口下，经 319 国道进入白浦公路，往浦市方向行驶约 20 分钟抵黄家桥村；

　　路线二（自驾）：泸溪县内沿白浦公路往浦市方向行驶，约 20 分钟抵黄家桥村；

　　路线三（公共交通）：泸溪县汽车站乘往浦市镇的县际班车在浦市镇汽车站下车，搭乘出租车 1.5 公里到黄家桥村。

画山秀水银井冲
——泸溪县浦市镇银井冲村

一水波粼粼，丛山分二界；古楼遍四野，银井耀清辉。

如果说浦市古镇曾是湘西四大古镇之首，那么银井冲村便是浦市桂冠上那颗最耀眼的历史宝石。公元前314年，屈原被贬黜流放途经此地，看见这里土地肥沃、牛羊成群，特别是遍布的水井在阳光下闪现出银色的光芒，实觉美不胜收，心中甚喜，称这里为"和平都"，后得名"银井冲"。

银井冲村地处通衢要道，距浦市古镇2公里，距沅江1公里，交通十分便利。村落依山而建，一条大溪穿村而过，环抱着省内闻名遐迩的五星级乡村旅游景点——浦市印象。在这里，你随时都会迷醉在扑面而来的历史韵味之中。远处老式的民居古朴典雅，黝黑的屋瓦、黛青的墙壁彰显着岁月的庄重；眼前古宅的门廊、内柱、窗棂上，都有着精美的雕刻，或花草树木，或虫鱼鸟兽，无一不栩栩如生；脚下覆满青苔的石板古道，让人不自觉沉醉在古村的悠远神怡之中。

近年来，该村制定了"村庄秀美、环境优美、生活甜美、生态宜居"的发展目标，极力

银井冲村鸟瞰图
流水有情
银井冲印象
春到溪头油菜花

挖掘村落潜藏的历史人文资源，大力发展乡村文化旅游，建成了 180 亩观赏花卉基地，打造的"浦市印象"乡村文化游景点，日均游客量 200 余人。每逢节假日，人们更是蜂拥而至，银井冲村成了县内外游客休闲游玩、探求古村文化的胜地。

※ 主要看点

"浦市印象"原生态休闲农庄

※ 交通指引

路线一（自驾）：吉首市区进杭瑞高速往长沙方向，泸溪出口下，经 319 国道进入白浦公路，往浦市镇方向行驶约 22 分钟抵银井冲村；

路线二（自驾）：泸溪县内沿白浦公路往浦市镇方向行驶，约 22 分钟抵银井冲村；

路线三（公共交通）：泸溪县汽车站乘往浦市镇的县际班车，浦市镇汽车站下车，在浦市镇农技推广中心转乘农村公交，或在浦市镇汽车站搭乘出租车，约 2.5 公里到达银井冲村。

荸荠飘香传万家
——泸溪县浦市镇五果溜村

一畦春韭绿，十里稻花香。

五果溜村位于浦市古镇北部的沅江之滨，距古镇仅2公里，水陆交通便利。相传该村因盛产桃子、李子、杏子、枣子、梨子五种水果且靠近沅江，故得名"五果溜"。全村共辖4个村民小组，7个自然寨，402户1764人。

五果溜村地势平坦，土壤肥沃，系沅江冲积而成，是泸溪县传统农业产业村，尤以出产荸荠（又称"马蹄"）而闻名遐迩。每逢隆冬时节，人们把荸荠从黑油油的土地里翻出，洗净转筐，畅销全国。这里的荸荠，甘甜爽口，养胃生津，药食两用，生熟皆宜。近年来，该村以荸荠产业为龙头，大力发展西香瓜、辣椒、莲藕、高笋等特色种植业和小龙虾、大闸蟹等特色水产养殖业，形成了多元化种养产业发展的新格局。

五果溜村现代生态农业休闲观光园被列入2019年重点乡村旅游开发项目，项目规划总

2	3
4	5

1

绿树丛中幸福村
小村莘荠美名扬
育苗大棚如工厂
沅水河畔新家园
村庄一角

面积422.98亩，开发五果溜村英雄水库及周边独特的旅游资源。项目建设内容包括临水栈道、亲水平台、垂钓设施、游客接待中心、农业观光设施、亲子园、入库公路改造等，旨在将水库园区打造成为集民俗观光、休闲度假、亲子游乐等功能为一体的休闲民俗观光园。

※ 主要看点

莘荠产业，沅水风光

※ 交通指引

路线一（自驾）：吉首市区进杭瑞高速往长沙方向，泸溪高速出口下，经319国道进入白浦公路，往浦市镇方向行驶约15分钟抵五果溜村；

路线二（自驾）：泸溪县内沿白浦公路往浦市镇方向行驶，约15分钟抵五果溜村；

路线三（公共交通）：泸溪县汽车站乘往浦市镇的县际班车，前行15公里即到五果溜村。

古树参天康养地
——泸溪县潭溪镇新寨坪村

　　这里，原始次生林苍翠浓郁，百年古树随处可见，特色建筑保存完好，一派高山林海迷人风光；这里，是"中国少数民族特色村寨""全国重点旅游扶贫村""湖南省美丽乡村示范村""中国传统村落"和国家3A级景区：这就是泸溪县潭溪镇新寨坪村。

　　绿色生态、森林康养，是新寨坪村的名片。新寨坪村位于潭溪镇西北部，距县城70公里，距州府吉首26公里。全村面积11.7平方公里，人口1263人。境内植被茂盛，有原始次森林600多亩，森林覆盖率85%以上。新寨坪有800年树龄以上古树100棵，500年树龄以上古树460棵，200年树龄以上古树近千棵。春夏时节，群山叠翠；金秋到来，红枫漫天。人行其间，呼吸着丰富的负氧离子，顿觉心旷神怡。

　　丰富的民俗活动，是新寨坪村的显著特点。全村以土家族、苗族为主，有自己独特的服饰、语言和节庆，擅长"苗族数纱"工艺和居家所用多其制品。逢年过节村里便举办舞龙、舞狮、苗族武术、上刀梯、九子鞭等表演活动。逢春节、庙会、立屋、嫁女娶媳妇等重大节庆或

	2	3
1	4	5

古树环抱的村庄
新寨坪"雀儿文"
传统技艺苗族数纱
新寨坪寨门
民宿一角

民俗活动，族群集会，彻夜狂欢，男女对歌，通宵达旦。

近年来，该村抢抓"百美村宿"项目，推进森林康养文化建设，进一步完善旅游基础设施，乡村旅游实现了质的飞跃。

※ 主要看点

自然风光，各种古树，乡村民居，民俗风情

※ 交通指引

路线一（自驾）：吉首市区沿 319 国道往泸溪方向，约 26 公里到吉首市黄连溪村，进入新寨坪村级公路约 4.5 公里即到新寨坪村；

路线二（自驾）：泸溪县内沿 319 国道往吉首方向行驶约 1.5 小时到吉首市黄连溪村，进入新寨坪村级公路约 4.5 公里即到新寨坪村。

南方长城　兵营古寨
——凤凰县廖家桥镇拉毫村

　　拉毫村原名全石营，距离凤凰古城 17 公里。全村有 7 个自然寨，12 个村民小组，共 415 户 1945 人。村寨先后获评"全国重点文物保护单位""国家森林乡村"，被列入中国传统村落名录、中国"世界文化遗产预备名录"。

　　拉毫营盘是南方长城屯兵据点之一，为盘踞在半山腰上的青石建筑，始建于明朝嘉靖年间，占地面积 500 平方米，设有东、西、北 3 座城门、城楼及碉堡 1 座。寨内现存有古井 4 处，古兵房和古民居数十栋。建筑多建于清代，房屋墙体以青片石错缝干砌，屋面以青石板叠放，形成相对的封闭状态。拉毫营盘是中国"苗疆边墙"南方长城上最后的军事屯堡，而今硝烟散去，古兵营成为保存完好的石头古寨。

　　近年来，拉毫村按照强化组织、聚焦脱贫、对接古城、凝心聚力的思路，积极打造集休闲、体验、避暑、观光为一体的乡村旅游胜地。

　　登上城楼，放眼南方长城内外，群山染绿，民居散落，早已不复当年金戈铁马的肃杀之意，唯留古色苍凉的长城断壁，化作户户热闹的人间烟火。

	2	
	3	4
1		

拉毫村全貌
拉毫影展
苗狮迎嘉宾
南方长城拉毫段

※ **主要看点**

　　南方长城军事屯堡，兵营旧址，石头古寨，特色民居

※ **交通指引**

　　路线一（自驾）：吉首市区进209国道往凤凰方向，经竿子坪镇、吉信镇，沿凤凰北路、354国道廖家桥方向行驶17公里左右抵拉毫村。

　　路线二（自驾）：杭瑞高速凤凰出口下，沿凤凰北路、354国道廖家桥方向行驶17公里左右抵拉毫村；

　　路线三（公共交通）：凤凰县城北汽车站乘阿拉方向班车，约30分钟抵拉毫村。

全国第三个熊猫基地
——凤凰县廖家桥镇大坪村

大坪村，全村总面积 2.88 平方公里，辖 6 个村民小组、4 个自然寨，共有 306 户 1369 人。

大坪村坐落于国家级水利风景名胜区长潭岗风景区内，杭瑞高速南长城站出口设于此，廖潭公路穿村而过，基础设施完善，环境优美，风景宜人。

大坪村曾为南方长城军事防御体系中的一个重要据点，设下马营、上马营两营兵马。村中练兵场、烽火台、老围墙、衙门原址犹在。

2020 年，我国第三个熊猫基地——凤凰中华大熊猫苑落户大坪村。7 月 1 日，凤凰中华大熊猫苑正式开放，吸引了来自全国各地的游客。大熊猫"兴安"和"京宝"是熊猫乐园的新主人，广大熊猫迷纷至沓来，只为捕捉国宝最美的一瞬。

时尚、梦幻、激情、欢乐是凤凰中华大熊猫苑乐园的主题。园区集参与性、娱乐性、观赏性于一体，把生态规划、文化传承和旅游产业发展紧密结合，形成独具特色、内涵丰富的情景互动式旅游区，彰显了旅游产品个性，提升了旅游感染力，与凤凰古城相互辉映，成为凤凰旅游圈的生力军。

※ 主要看点

凤凰中华大熊猫苑，极速飞车、激流勇进等娱乐项目

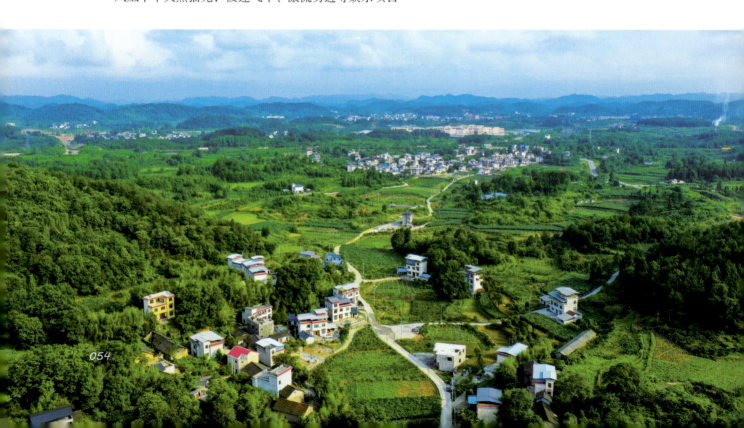

		大坪村全貌
	2	
	3	梨花盛开如飞雪
1	4	熊猫落户大坪村 拥有四千万粉丝的"京宝"

 交通指引

　　路线一（自驾）：吉首市区进 209 国道往凤凰方向，经竿子坪镇、吉信镇，沿凤凰北路、354 国道、廖潭最美生态公路，1 公里左右抵大坪村；

　　路线二（自驾）：杭瑞高速凤凰出口下，沿凤凰北路、354 国道、镇竿大道、廖潭最美生态公路，约 21 分钟抵大坪村。

　　路线三（自驾）：凤凰县城北汽车站，沿凤凰北路、354 国道、廖潭最美生态公路，约 1 公里抵大坪村；

　　路线四（公共交通）：凤凰县城北汽车站乘阿拉方向班车，凤凰经开区井泉矿泉水厂下车，步行 5 分钟即到。

奇山异水　产业兴旺

——凤凰县廖家桥镇鸭堡洞村

　　鸭堡洞村位于凤凰古城北 7 公里处，原名押宝洞村。村寨始建于明朝宣德年间，为明边墙的一部分。清代设立鸭宝汛，汛堡占地约 4000 平方米，新中国成立前一直是苗汉同胞赶集交流物品的重要集市。

　　全村辖 13 个村民小组，9 个自然寨，379 户 1596 人；共有稻田面积 437 亩，旱土面积 1076 亩，水果种植面积 3078 亩。水果种植为村里主要产业，其中桃李梨 487 亩，柑橘 311 亩，猕猴桃 2280 亩，年产值 1500 多万元。2019 年，仅靠种植猕猴桃户均收入就有 4 万多元，人均纯收入 1.26 万元。

　　鸭堡洞村位于国家水利风景名胜区内，为省级文物保护单位；生态优美，资源丰富，依山傍水，景色迷人，是一个具有文化底蕴的古村落，又是生态旅游、度假、避暑、摄影的胜地。

　　站在村口，蜿蜒连绵的长潭岗水库绕村而过，赏心悦目。斜阳下，残垣断壁，乱石嶙峋，放眼望去，无尽沧桑。夜幕里，水库中点点渔火，宛如天上银河，美不胜收。抬头遥望，夜空星光璀璨，月光静静地泻在河面，增添了一份朦胧的诗意。穿过红水杉林，登上长潭岗水库大坝放眼望去，碧水、民居、森林、田园渐次铺陈。长潭岗环湖旅游景区的开发，久违的农趣，恬静的田居生活，让鸭堡洞村民搭上了旅游致富的快车。

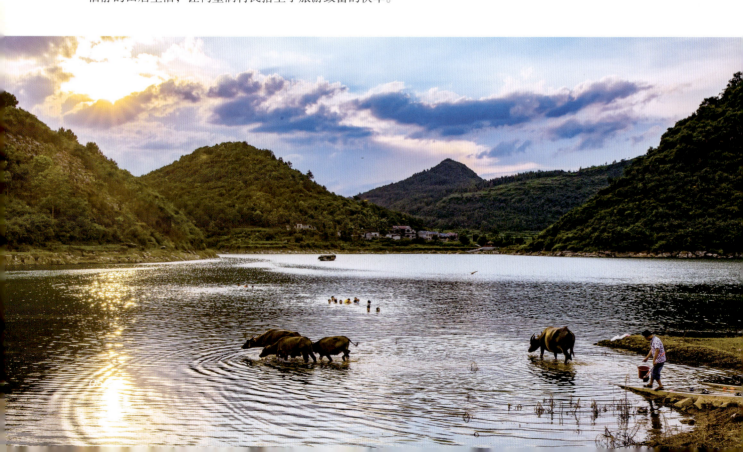

※ **主要看点**

长潭岗水库湖光山色，乡村果园

※ **交通指引**

路线一（自驾）：吉首市区沿 209 国道凤凰方向，经竿子坪镇、吉信镇，沿凤凰北路、沱江防汛公路、长潭岗防汛路，约 3 公里抵鸭堡洞村；

路线二（自驾）：凤凰县城北汽车站沿凤凰北路、沱江防汛公路、长潭岗防汛路，约 3 公里抵鸭堡洞村；

路线三（自驾）：杭瑞高速凤凰出口下，沿凤凰北路、354 国道、廖潭最美生态公路，约 15 分钟抵鸭堡洞村。

高山台地上的"千户苗寨"
——凤凰县禾库镇禾库社区

禾库，苗语的意思是"天坑、地洞"。自古以来，"禾库"就是川湘古盐道中一个重要中转站，北至青海省，南达云南省瑞丽市。

禾库社区位于禾库镇所在地，距凤凰县城46公里，平均海拔800米，是云贵高原向武陵山脉延伸部分。

禾库社区房屋依山而建，融合湘西苗族文化、建筑等元素，黄墙青瓦、飞檐斗拱，高低起伏、错落有致；自然风光优美，有形如其名的"象鼻山"，有落差达236米的尖朵朵瀑布，有行洪水渠穿区而过形成的天坑水景，是一个宜居宜游的"千户苗寨"。

社区民族文化浓郁，拜地龙、"四月八"、"六月六"、唱苗歌、苗族银饰、花带、鼓舞为州级非物质文化遗产项目。禾库凭借苗族银饰锻造技艺，获得"湖南省民间文化艺术之乡"称号。自2016年起，两届腊尔山全国性的苗族文化学术研讨会在禾库社区相继召开。

发展正遇东风，禾库社区迎来空前的发展机遇。目前，禾库社区正加快特色文化民俗小镇和352国道建设，加快湘西地质公园天星山景区、尖朵朵瀑布、九龙沟等景点开发和原生红苗民俗文化挖掘展示，打造凤凰农村产业融合发展示范园和旅游北线集散地，呼应凤凰古城、德夯、茶峒、十八洞等。不久的将来，禾库社区必将成为湘西州苗族文化旅游精品线上的一颗明珠。

禾库社区全貌
扶贫产业车间
香菇种植基地
银器非遗传人
新建小区美如画
精美苗绣

※　**主要看点**

高山台地峡谷风光，特色民居"千户苗寨"，苗族节日民俗展示

※　**交通指引**

路线一（自驾）：吉首市区沿 209 国道凤凰方向，沿三腊公路至禾库社区；

路线二（自驾）：凤凰古城进杭瑞高速吉信出口下，沿 209 国道、吉信路、048 县道，抵禾库社区；

路线三（自驾）：杭瑞高速凤凰出口下，沿凤凰北路、209 国道、吉信路、090 县道、048 县道抵禾库社区；

路线四（公共交通）：吉首市内乘禾库方向班车至禾库社区。

梦里老家等你来

——凤凰县山江镇雄龙村（老家寨）

　　雄龙村（老家寨）地处苗疆腹地，距凤凰古城 24.5 公里，是一个纯苗族聚集的古村落。全村辖 5 个村民小组，共有 284 户 1349 人，被列入"中国传统村落名录"，获评"中国少数民族特色村寨"。

　　雄龙村（老家寨）坐落在植被茂盛、生态环境良好的栖凤坡下，四周青山环绕，寨中千潭湖湖水清澈，水中有五亿年前的桃花水母。湖边，是一片参天的古榛木林，长在湖边的小山岗上，守护着这千年的古寨。

　　雄龙村（老家寨）呈八卦图式布局，寨内石板小径古朴有致，清一色青瓦古墙，曲巷通幽。寨子以石头建筑为主，石板巷、泥巴房、吊脚楼等错落有致，石门、石窗制作精细，寨内到处可见的木雕彩绘、石刻书画、匾额楹联，体现了"人宅相扶，感通天地"和"天人合一，以人为本"的建筑思想。

　　雄龙村（老家寨）古朴纯美、情趣盎然的苗寨婚俗延续至今，装扮新娘、别亲、点引路灯、打伞出门上路、筛新娘、敬亲友、回门、戏新郎、谢亲酒，每道环节精彩异常，欢歌不断。原汁原味的民间作坊，苗族纺纱织布、剪纸、银饰加工、印花印染等传统工艺，赶边边场、吹唢呐等民俗活动，风情浓郁。

	2	3
		4
1		

依山傍水的老家寨全貌
老寨村巷
老寨童心
苗家长龙宴

※ **主要看点**

　　传统村落，八卦迷宫式建筑，浓郁的苗族风情及民俗活动

※ **交通指引**

　　路线一（自驾）：吉首市区沿 209 国道凤凰方向，进入 043 县道、034 县道山江方向，抵雄龙村；

　　路线二（自驾）：凤凰古城沿凤凰北路、209 国道、043 县道、034 县道山江方向，抵雄龙村；

　　路线三（公共交通）：凤凰县城北汽车站乘坐去往山江镇的中巴车，在山江镇转乘乡村小客车抵雄龙村。

山鹰落脚的悬崖苗寨
——凤凰县山江镇凉灯村

　　凉灯村坐落于凤凰县山江镇北部。凉灯，苗语意思是山鹰落脚的地方，一般指地势高人迹罕至的地方。该村最高海拔995.3米，最低海拔444.1米，全村共有5个自然寨，82户1082人。

　　凉灯村三面环崖，山高谷深，沟壑纵横，云雾缭绕，几条狭窄、深长的大峡谷把凉灯村与世隔离，使之成为一座"孤岛"。寨与寨之间仅靠一条险峻的独路相连，自古有"鹰飞不过的峡谷"之称。

　　凉灯村完整保留着土墙黛瓦的传统民居，传承着厚重的苗族古老文化，是凤凰县苗族原生态文化及历史建筑群保护最完好的村寨之一，被列入"中国传统村落名录"。

　　凉灯村属于"两头羊省级自然保护区"。这里有14149亩广袤山林和富含锶、硒的山泉水。全村百年以上的古树有20多棵，其中网红神树"千年紫薇树"已有1020年历史，被称为"川黔紫薇王"。春天，紫薇树上开满了紫色、白色的花朵，远望，花团锦簇、美不胜收。

　　凉灯村水质好，土壤含硒丰富，产高山优质富硒糯米。凉灯村采用草曲酿制的高山富硒

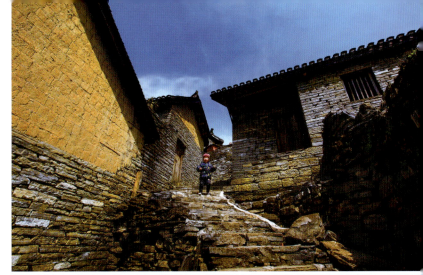

	2
1	3
	4
	5

群山环抱的凉灯下寨
凉灯民居
石头土砖房子
凉灯上寨老房子
富硒黄酒车间

黄酒远近闻名，供不应求。

※　主要看点

悬崖上的苗寨，高山峡谷风光，苗族原始生态文化，特色民居建筑群，"川黔紫薇王"

※　交通指引

路线一（自驾）：吉首市区沿209国道凤凰方向，经209国道、043县道、034县道，抵凉灯村；

路线二（自驾）：凤凰古城沿凤凰北路、043县道、034县道、116乡道抵凉灯村；

路线三（公共交通）：凤凰县城北汽车站乘往山江镇的中巴车，在山江镇转乘乡村小客车抵凉灯村。

高山湖畔苗人谷
——凤凰县山江镇早岗村

　　早岗村，位于凤凰县山江镇，距凤凰古城 18 公里；辖 3 个自然村寨，共有 177 户 801 人。早岗村是凤凰近两年开发的以展示悠久苗族历史文化为主的标志性景点，曾被国内外专家学者公认为中国"苗族活化石"。2008 年，早岗村被评为"湖南省农村旅游示范点"；2010 年，成功创建湖南省四星级乡村游景区。

　　去早岗村要经过苗人谷，沿着苗山天湖乘竹排逆水而上，沿途碧波荡漾，水清岸绿，花团锦簇。狭长的幽谷中谷中藏洞，洞中藏谷，宛如迷宫，胜似仙境。峡谷迂回曲折，穿山洞穴气势壮观，飞天瀑布美轮美奂。

　　早岗村保留着凤凰苗族最原始淳朴的风俗习惯。鲜丽夺目的苗族服饰，情调别致的卡酒，风格独特的卡鼓、拦路歌，传统节日"四月八"的边边场，展示了苗族儿女的能歌善舞和热情奔放。

　　早岗村是一幅山清水秀的天然画卷，是一本民族奋斗的英雄史书。这里保留了许多巫傩文化的遗址，造就了风格各异的神灵信仰和祭祀仪式。一个村庄浓缩了一个民族的遗风，一汪碧水荡漾着一个部落的传奇。凤凰早岗苗人谷游一回，湘西苗族文化醉千年。

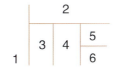

春到早岗
蚩尤湖
芦笙潭
"一线天"
瀑布群
早岗村民居

※ **主要看点**

　　"高峡平湖"苗人谷，神秘洞穴，古老建筑，民俗风情

※ **交通指引**

　　路线一（自驾）：吉首市区沿 209 国道凤凰方向，经竿子坪镇、吉信镇，再沿 043 县道、034 县道抵早岗村；

　　路线二（自驾）：凤凰古城沿凤凰北路、209 国道、043 县道、034 县道，抵早岗村；

　　路线三（公共交通）：凤凰县城北游客服务中心乘往山江镇旅游中巴车，经山江镇苗人谷风景区抵早岗村。

一湾碧水绘"神画"
——凤凰县千工坪镇胜花村

千工坪镇胜花村，获评"国家森林乡村"，距凤凰县城 17 公里，为纯苗族聚居地；辖 6 个自然寨，436 户 1892 人。村民住房呈"大分散、小聚居"分布特点，沿长潭岗国家水利风景名胜区水库绵延 10 余公里。

该村自然风景优美，依山傍水、山清水秀、空气清新，纵深 10 多公里的长潭岗水库在村内形成了天然库区悬崖、骆驼峰、回水湾、亲水平台等独特喀斯特地形地貌，湖光山色，景色宜人，令人心旷神怡。

该村特色人文旅游资源丰富，保留了很多传统的苗寨建筑和民俗习惯，苗族风情浓郁。村民忠厚纯朴、勤劳节俭、待客大方。该村处于全县的茶叶、茶油、猕猴桃产业发展带，全村种植猕猴桃 1000 多亩，栽种祁门红茶 500 亩，共铺种 30 亩 13 万棒黑木耳菌棒。

村里旅游区位优势明显，临近县城，与凤凰旅游文化经济开发区隔河相望，与凤凰高铁站只相隔 10 余公里，与山江风情小镇只有 8 公里，胜花大桥跨寨而过。得天独厚的地理优势和产业发展优势，使这里成为集休闲度假旅游、水果采摘、特色餐饮、途居露营等多位一体的农旅融合乡村旅游重要基地。

※ 主要看点

长潭岗库区风光，猕猴桃、茶叶基地

```
        2
    3 | 4 | 5
1
```

游艇游览胜花村
光伏电厂
村寨民居
蘑菇产业基地
伞厂车间

※ **交通指引**

　　路线一（自驾）：吉首市区沿 209 国道凤凰方向，经竿子坪镇、吉信镇、千工坪镇，约 40 分钟抵胜花村；

　　路线二（自驾）：凤凰古城至长潭岗水库过桥，约 44 分钟抵胜花村；

　　路线三（自驾）：凤凰古城往千工坪镇方向，约 40 分钟抵胜花村；

　　路线四（公共交通）：凤凰县城北汽车站乘往山江镇班车，到千工坪镇转车往竹山方向，约 45 分钟到胜花村。

高山葡萄分外甜
——凤凰县新场镇大坡村

　　大坡村位于凤凰县西北部，从杭瑞高速阿拉营镇出口，沿着052县道向西南行驶4公里即到。

　　"大坡"，顾名思义就是山高坡大。大坡村水资源缺乏，田少地多，以前是山旮旯里出了名的干旱村、贫困村。二十世纪九十年代，村民开始自主探索产业发展之路，在长期的探索实践中，大坡人培育栽种出了高山刺葡萄，闯出了一条致富路，一跃成为"湖南省脱贫攻坚示范村""湖南省美丽乡村示范村"和"湖南省乡村振兴试点村"。

　　走进大坡村，干净宽敞的水泥路，错落有致的小洋楼，赫然醒目的文化墙，阡陌纵横的葡萄园……一个背倚青山、面朝田园，自然和谐、质朴和美的土家族村落映入眼帘。千亩葡萄园、环村而开的荷塘观光园，坐落于山溪峡谷之间的休闲度假农庄，构成了大坡村独特的集休闲、旅游、观光、度假于一体的乡村旅游特色。秋收季节，农田里四处可见忙碌的身影，村民们不时抬出一筐筐葡萄，装上汽车。一路葡萄，一路芳香，一路欢歌。

千亩葡萄园,荷塘观光园,休闲度假农庄

※ 交通指引

路线一（自驾）：吉首市区沿 209 国道凤凰方向，经 354 国道往阿拉营镇方向；转 052 县道行驶 2.5 公里左右抵大坡村；

路线二（自驾）：凤凰古城 354 国道往阿拉营镇方向，转 052 县道行驶 2.5 公里左右抵大坡村；

路线三（自驾）：杭瑞高速黄丝桥出口下往阿拉营镇方向，转 052 县道行驶 2.5 公里左右抵大坡村；

路线四（公共交通）：凤凰县城北汽车站乘往阿拉营镇的中巴车，在阿拉营镇转乘乡村小客车抵大坡村。

	2
	3
1	4

大坡荷塘观光园
房前屋后葡萄飘香
葡萄节
村庄

奇山秀水驻天龙

——凤凰县阿拉营镇天龙峡村

天龙峡村，坐落于阿拉营镇北部，为苗族聚居村落。该村是昔时凤凰厅城通往西南地区云贵两省的山关要塞，中国南方长城蜿蜒绵延至凤凰古城。

天龙峡村处于凤凰县国家地质公园核心区内，境内奇峰耸立，流水飞瀑，自然资源丰富而独特。村北悬崖边上，有一个叫做"岜狡"的自然寨，意思是"猴子生活的悬崖"。村东，是沟壑纵横的大峡谷——天龙峡。

天龙峡以险、奇、峻、秀、幽著称，有"苗疆第一险谷"之称。峡谷中有神牛瀑、一线天、天龙潭、千丝瀑等著名自然景观。2005年，天龙峡依托得天独厚的资源，在峡谷的悬崖上修建栈道，并开发了天龙乐、天龙峡漂流、天龙峡自然景观和天龙峡苗族风情园等旅游项目。

天龙峡村为楚地极边，巫风秘境。村内有鼓楼遗址、风雨桥、炮楼、营盘、官田、战斗坪、登高楼……苗族文化古风神秘悠远。

二十世纪七十年代，苗民们发扬愚公移山的精神，在半山腰上开凿出一条钻山渠道，引来龙塘河清澈泉水在绝壁中流淌，浇灌着苗乡这片原野，使之变成沃野粮仓。

※ **主要看点**

　　天龙峡谷风光，苗族古寨，鼓楼遗址，风雨桥，炮楼，营盘等

※ **交通指引**

　　路线一（自驾）：吉首市区沿 209 国道凤凰方向，经 354 国道在阿拉营镇天龙峡村路口右拐，1.2 公里抵天龙峡村；

　　路线二（自驾）：凤凰古城沿 354 国道，在阿拉营镇天龙峡村路口右拐，1.2 公里抵天龙峡村；

　　路线三（自驾）：杭瑞高速黄丝桥出口下，左拐 1.2 公里抵天龙峡村；

　　路线四（公共交通）：凤凰县城北汽车站乘坐往阿拉营镇方向车，约30 分钟到达天龙峡村路口下车，右拐 1.2 公里抵天龙峡村。

	3
2	4
1	

晨曦中的村庄
天龙峡景区瀑布
峡谷牧羊
光影里的民居

一江美景耀山乡

——凤凰县沱江镇大湾村

大湾村距离凤凰古城 19 公里，因沱江在此拐弯、形成一个相对平坦的湾而得名。全村辖 3 个村民小组，295 户 1159 人，98% 以上的村民为土家族。该村以"村民富、村庄美、村风好"著称。

大湾村依山傍水，环境优美，村内红石板街干净整洁，房屋错落有致。村民喜养花种树，山坡上、沟渠旁、房前屋后全部种上了花，植上了树，每到春季，湖光山色、鲜花盛开，美不胜收。

大湾村不仅自然风光秀美，更把乡村建设融入经济发展，提出了发展农业产业的思路——"山上种板栗，山腰种柑橘，山下种蔬菜"。全村栽种纽荷尔脐橙、蜜橘、黄桃等瓜果 1200 多亩。纽荷尔脐橙远销哈尔滨、广州、香港，还出口到加拿大、哈萨克斯坦等地，村民每年人均种植收入 2 万余元。

勤劳肯干是致富的基础，大湾村有一支女子嫁接队，闻名十里八乡。农闲时节，她们带着精湛的技艺，从事水果苗木嫁接服务，"嫁"遍全国各地，每年创收 800 余万元，成为致富奔小康的主力军。

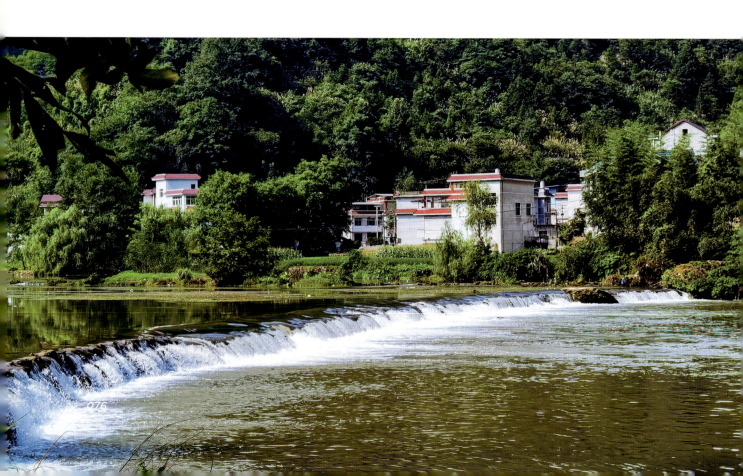

	2	
		3
1		4

溪畔人家
大湾村一角
女子嫁接队
幸福快乐的大湾人

※ **主要看点**

河畔风光，乡村美景，瓜果飘香

※ **交通指引**

路线一（自驾）：吉首市区沿 209 国道凤凰方向，经凤凰绕城线、沱江大桥、407 县道，抵大湾村；

路线二（自驾）：凤凰古城沿凤凰南路、桔园路、南华路、喜鹊坡路、豹子湾路、沱江大桥、407 县道抵大湾村；

路线三（自驾）：杭瑞高速凤凰出口下，沿沱江大桥、407 县道抵大湾村；

路线四（公共交通）：凤凰县城北汽车站乘坐至木江坪镇客运班车，约 30 分钟抵大湾村。

牛角吹响致富歌

——古丈县默戎镇牛角山村

　　牛角山村位于默戎镇东北部，是一个苗族聚居村。走进牛角山村，随处可见郁郁葱葱的茶树，散发着沁人心脾的茶香，一垄垄茶叶制成的古丈毛尖远销五湖四海。

　　牛角山村曾经是一个萧条荒芜的破落穷村，山高坡陡，素有"路无一尺宽，地无三分平"之说。全村人均耕地不足 -亩，自然条件相当差。2008 年，全村人均收入不足 800 元，是当地有名的特困村。2009 年一场大火几乎烧掉半个寨子，贫困程度更加严重。

　　此后，在村支两委的带领下，村里成立了湘西自治州牛角山生态农业科技开发有限公司，实行"村支两委 + 公司 + 专业合作社 + 科研院校 + 基地 + 农户"运作模式，形成了有机茶叶、生态养殖、苗寨旅游、苗族餐饮四大支柱产业，集体经济和社会各项事业蓬勃发展。2017 年底，村里近百户贫困户，全部顺利脱贫。苗家人通过自己的努力将牛角山村建设成了产业兴旺、生态宜居、治理有效、乡风文明、生活富裕的美丽乡村。

	2	
	3	4
1		

牛角山村一角
云海茶园
吊桥民居
拦门酒

　　近年来，该村先后荣获"湖南省社会主义新农村建设先进示范村""全国一村一品示范村"等荣誉，向世人展现出了一幅"青青茶园天边挂，群群畜禽山中鸣，队队游客苗家乐，户户村民笑开颜"的美丽乡村景象。

※ **主要看点**

牛角山风光，高山茶园，夯吾苗寨，苗家民俗文化

※ **交通指引**

　　路线一（自驾）：吉首市区沿 352 国道向古丈方向行驶约 50 分钟抵牛角山村；

　　路线二（自驾）：古丈县城沿 352 国道向吉首方向行驶约 20 分钟抵牛角山村；

　　路线三（自驾）：S99 龙吉高速古丈出口下，沿 352 国道向吉首方向行驶约 20 分钟；

　　路线四（公共交通）：古丈汽车站坐快巴约 20 分钟即抵牛角山村。

祥龙栖居的地方
——古丈县默戎镇龙鼻嘴村

　　"默戎"是苗语，意即"有龙的地方"。默戎镇龙鼻嘴村，共有 8 个自然寨，12 个村民小组，571 户，2378 人，其中苗族占全村人口的 90%，是一个典型的以苗族为主的少数民族聚居村。

　　这里民风淳朴，苗族文化底蕴丰厚，苗族民居、苗族服饰独具一格，极具旅游产业发展潜力。早在 1993 年，该村即被湖南省文化厅授予"苗族花鼓之乡"称号；2003 年以来被湖南省列为"民族团结示范点"；2008 年、2011 年国家文化部授予"中国民间文化艺术之乡"称号；2012 年，被国家住建部、文化部、财政部列入第一批中国传统村落名录；还被湖南省旅游局授予"湖南省特色旅游名村"、湖南省民委授予"少数民族特色村寨"荣誉。2010年，龙鼻嘴村的"四方鼓舞"走进了上海世博会；2011 年，登上了宝岛台湾；并多次参加国家级大型演出，成为了苗族文化的一张亮丽名片。

　　明朝时期，湘西一带的官府为了更好地掌控地方局势，动用大量的人力物力，修建了全长 190 公里左右的苗疆长城，南起凤凰县与铜仁交界的亭子关，北到古丈的"喜鹊营"。这"喜鹊营"就是默戎苗寨一带，因此，默戎苗寨也被乡民称为"竿子营"。

　　如今，该村依托乡村旅游，吸引了大量海内外游客。村里每天观光游客络绎不绝，

2
3
1 4 5

苗寨主体建筑
苗寨民居
苗寨一角
民族团结雕塑
苗鼓迎宾

村民的日子越过越红火。

※ 主要看点

苗族古村落、古建筑，苗族花鼓之乡，神秘巫傩绝技展示

※ 交通指引

路线一（自驾）：吉首市区沿 352 国道向古丈方向行驶约 30 分钟抵龙鼻嘴村；

路线二（自驾）：古丈县城沿 352 国道向吉首方向行驶约 30 分钟抵龙鼻嘴村；

路线三（自驾）：S99 龙吉高速古丈出口下，沿 352 国道向吉首方向行驶约 30 分钟；

路线四（公共交通）：古丈汽车站坐快巴约 30 分钟抵龙鼻嘴村。

神秘鬼溪串四寨
——古丈县默戎镇中寨村

　　中寨村地处默戎镇东南方，龙鼻嘴河下游，古丈县城至坪坝镇通乡公路穿村而过，是一个纯苗族聚居区。

　　中寨村由鬼溪、己戎、老寨、中寨四个自然寨组成。一条小河，蜿蜒流淌，将几个小寨有机串联起来，两岸古树成林，屋舍俨然，田园风光，美不胜收。

　　中寨村的民居是典型的苗族建筑风格，漫步老寨之中，古朴的苗家院落，巫傩堂里的祈祷和祭祀，带给人一种时空穿越感。2011 年，该村被评为"湖南省生态文明村"；2016 年11 月，被国家住建部等部门列入第四批中国传统村落名录；2019 年 12 月，被国家民委列入第三批"中国少数民族特色村寨"。

　　中寨村大力发展以柑橘、皇葛、茶叶为主的种植业和以山羊、黄牛为主的畜牧养殖业，群众生活水平不断提高。该村先后实施了村道硬化工程和人畜饮水工程，村容村貌不断更新，群众生产生活条件得到极大改善。特别是 2011 年冬至 2012 年春，村里新扩茶园 960

余亩，加快了特色种植业规模化、规范化进程。

中寨村是大山深处的古老苗寨，生活在这里的苗族人仍然保留着传统的生活状态和节奏。苗鼓、苗歌、苗拳、舞狮等民间文化丰富多彩。全村根据自身独特的旅游资源情况，打造中寨鬼溪峡谷户外民宿游、中寨沿河两岸研学旅基地亲子游、中寨传统民居民俗游三大板块，吸引了越来越多的游客。

※ 主要看点

鬼溪峡谷探险，苗寨览胜

※ 交通指引

路线一（自驾）：吉首市区沿 352 国道向古丈方向行驶，约 30 分钟右转进入 998 乡道，继续行驶约 20 分钟即抵中寨村；

路线二（自驾）：古丈县城沿 352 国道向吉首方向行驶，约 30 分钟左转进入 998 乡道，继续行驶约 20 分钟即抵中寨村；

路线三（自驾）：S99 龙吉高速古丈出口下，沿 352 国道向吉首方向行驶，约 30 分钟左转进入 998 乡道，继续行驶约 20 分钟即抵中寨村。

自然山水大画园
——古丈县古阳镇栖凤湖村

栖凤湖位于古丈县北部，一片浩大的湖面，就像在大地上镶嵌了一只碧蓝的眼睛，熠熠生辉，映亮了周边村寨。

栖凤湖村因栖凤湖而得名。湖水泱泱，有凤来仪。该村湖光山色，景色迷人，老百姓生产生活，富足安康。

栖凤湖村辖区面积约30平方公里，辖12个村民小组，399户1338人。清鱼潭组依傍西水河，经大江大河的千年洗礼，河边自然形成了一块块茵茵绿洲。著名影视剧《血色湘西》大部分外景便在此地拍摄，近年来已成为小有名气的网红打卡地。康家寨组位于云岭之中，其中1平方公里为高望界国家自然保护区核心区域，常年空气清新、树木参天，珍禽异兽数不胜数，是不错的康养度假胜地。

栖凤湖村为土家族苗族杂居村，有土家打溜子、阳和腔山歌、地方灯戏曲、酉水号子等非物质文化保留传承。

近年来，随着栖凤湖村的知名度不断提高，慕名而来的游客也不断增多。在政府引导下，

栖凤湖村确定了走农旅融合、茶旅融合之路的发展规划，成效日益彰显。

	2	
	3	4
1		

※ 主要看点

栖凤湖湖光山色，《血色湘西》拍摄基地

※ 交通指引

路线一（自驾）：吉首市区进龙吉高速罗依溪出口下，沿352国道行驶约10分钟到罗依溪码头，换乘机船10分钟即抵栖凤湖村；

路线二（自驾）：古丈县城沿352国道行驶约10分钟到罗依溪码头，换乘机船10分钟即抵栖凤湖村；

路线三（自驾）：S99龙吉高速罗依溪出口下，沿352国道行驶10分钟到罗依溪码头，换乘机船10分钟即抵栖凤湖村；

路线四（公共交通）：古丈县汽车站乘古丈至罗依溪社区公交车到罗依溪下，从罗依溪码头乘坐机船10分钟抵栖凤湖村。

栖凤湖鸟瞰
冬日栖凤湖
渔船回港
晒鱼干

天然氧吧高望界
——古丈县高峰镇高望界村

　　高望界村位于古丈县北部、高望界国家级自然保护区内，全村8个自然小组，10个自然寨。伫立高望界最高峰顶堂瞭望塔，可一览15万余亩林海，观云海日出。天晴气清时，可南睹泸溪青山秀，北瞰栖凤水色碧。

　　高望界村山势高峻，地形陡峭，森林覆盖率高达88.4%，植被相当丰富，终年云雾缭绕。现已发现木本植物100科863种，国家挂牌保护树种有珙桐、水杉、红花木莲、香果树等30余种；珍稀野生动物30多种。林中溪流众多，沿溪而行，可见"古树倒挂倚绝壁，飞瀑直下惊游鱼"的胜景。

　　高望界村的春天山花烂漫，姹紫嫣红，芳香四溢，生机盎然；夏季林木葱茏，枝繁叶茂，绿野千里，清凉宜人；秋天果满枝头，果香诱人，落叶舞秋，满地铺锦；冬季大雪纷飞，玉树琼花，树挂雪凇，晶莹剔透。它就像宇宙里的宝藏，埋藏着大千世界，总是带给你无限的惊喜。这里年平均气温12.5℃，是个天然氧吧，既是避暑康养之胜地，也是寻幽探奇之去处。

※ **主要看点**

高望界林海，高山梯田
古村寨，云海日出

※ **交通指引**

路线一（自驾）：吉首
市区进龙吉高速古丈出口下，
沿352国道经三道河转318
省道至分水界，沿001乡道
抵高望界村；

路线二（自驾）：古丈
县城沿352国道经三道河转
318省道至分水界，沿001乡
道抵高望界村；

路线三（自驾）：S99龙
吉高速古丈出口下，沿352
国道经三道河转318省道至
分水界，沿001乡道抵高望
界村。

2
3
1	4

高望界国家级自然保护区
高望界梯田
凉亭
林海中的小庄园

长在梯田中的千年土家古寨

——古丈县高峰镇岩排溪村

岩排溪，一座千年土家古寨，坐落在湘西古丈县高峰镇东南部。2012 年被评为"中国传统村落"和"湖南省少数民族特色村寨"；2016 年被评为"湖南省民俗摄影基地"。

岩排溪因层层叠叠的岩石而得名，因梯田而闻名。如果天气晴好，眺望观音山，山顶，绿树成荫；山腰，传统民居错落分布；再往下，梯田浩浩荡荡布满了整个山坡。村中清一色的木制房屋，被村外稻田阡陌紧紧包裹其中，如同一首首平仄有序的诗歌，散落在山坡。先人开凿的水渠，村前环绕的小溪，还有婆娑的老树，映衬得村庄宁静而安逸。

岩排溪的村落建筑风格富有变化而又各具特色，门窗上雕刻的各种图案，还有其独有的前廊的"美人靠"，居室内的"火床"，稍加变化，就让民居展现了不同的韵味与风姿。

岩排溪另一大特色就是封闭式的建筑格局：用泥土、碎石插上土荆条制作而成的土墙，包围在房屋四周，墙上开有枪眼。据介绍，因村寨所处地理位置特殊，加之矿藏丰富，故形成宅院封闭式的建筑格局。

环境美了，摄影的、写生的，还有露营的，背上了行装，慕名而来。不少出去打工的村民有感于美丽乡村建设，看到了农村发展的强大后劲，纷纷回乡，建民宿、搞养殖，希望立

足家乡，扎扎实实干一番事业。现在，岩排溪村正凭依丰厚的历史基础，登上了建设美丽乡村的幸福快车，向着美好的生活行进。

※ 主要看点

梯田胜景，特色民居，土家文化

※ 交通指引

路线一（自驾）：吉首市区进 S99 龙吉高速到古丈出口下，沿 352 国道经三道河转 318 省道行驶约 90 分钟后进入 049 乡道，继续行驶约 40 分钟即抵岩排溪村；

路线二（自驾）：古丈县城沿 352 国道经三道河转 318 省道行驶约 90 分钟后进入 049 乡道，继续行驶约 40 分钟即抵岩排溪村。

路线三（自驾）：S99 龙吉高速到古丈出口下，沿 352 国道经三道河转 318 省道行驶约 90 分钟后进入 049 乡道，继续行驶约 40 分钟即抵岩排溪村。

	2
	3
1	

梯田环抱的村庄
土家民居建筑群
土家吊脚楼一角

五亿年前的海底世界
——古丈县红石林镇红石林村

  红石林村位于古丈县西北部的西水河畔，为土家族聚居村落，全村 10 个村民小组，550 户 1980 人。红石林村因地处有"中国最美地质公园"之称的红石林国家地质公园而得名，有"武陵第一奇观""湘西神秘村落"之称。

  这里不仅有八百年湘西土司王朝的军事前哨老司岩，更让人刻骨铭心的是，这里有着一片历经五亿年风蚀水刻却海枯石不烂的红色石林。红石林景区是目前全球唯一在寒武纪形成的红色碳酸岩石林景区，形成历史约有 5 亿年，海底沉积了大量混合泥沙的碳酸盐物质，经地壳运动和侵蚀、溶蚀作用，形成了这片美丽的地质奇观。如今除了这片色彩多变的红色石林，时光带给它的还有各种化石印记，仿佛在向我们诉说着古老大海里的童话。

  红石林村至今还完整保留着以毛古斯、摆手舞、傩戏和花灯为代表的土家曲艺，还有以吊脚楼为代表的土家民居，以腊味酸菜为代表的土家饮食……在这里，游客不仅可以领略到自然奇观之美，还能感受到原生态的土家族民俗文化。

  近年来，红石林村以红石林景区为依托，大力实施美丽乡村建设，着力打造乡村旅游名村。红石林村通过加强基础设施建设，改善村容村貌，大力发展生态农业、农家乐，充分利

用田园、果园自然优势，打造集生态旅游、休闲、住宿为一体的"生态新村"，成为了湘西旅游的新名片。

※ **主要看点**

地质公园风光，土家传统建筑，土家民俗文化

※ **交通指引**

路线一（自驾）：吉首市区 S99 龙吉高速永顺县芙蓉镇出口下，352 国道行驶约 30 分钟后即可到达红石林村；

路线二（自驾）：古丈县城沿 352 国道行驶约 65 分钟后转入 051 乡道即抵红石林村；

路线三（自驾）：S99 龙吉高速永顺县芙蓉镇出口下，沿 352 国道行驶约 35 分钟后转入 051 乡道即抵红石林村。

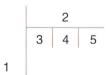

	2		
	3	4	5
1			

森林环绕的红石林
奥陶海底
老建筑群
泛舟天池
史前鱼化石

中南第一奇峡
——古丈县红石林镇坐龙峡村

坐龙峡村位于红石林镇坐龙峡森林公园腹地，紧邻芙蓉镇、酉水河，是古丈县乡村旅游示范点。该村总面积 12.8 平方公里，有 12 个自然寨，12 个村民小组，330 户 1570 人，是一个土家族聚居村。

坐龙峡全长约 6500 米，最大高差 300 余米，集俏、隐、幽、旷、奇、险、古、拙于一体，有"中南第一奇峡"的美誉。

在河的不远处，一排排木制的吊脚楼依山而建。廊洞上精致的雕花，传统的榫卯工艺，门上贴着的模糊不清的关公、张飞画像，透露着土家人的智慧和纯朴信仰。千百年的故事和风尘都繁华落尽，烟花飘落，被一座座古色古香的木房替代，在崇山峻岭间闪闪发亮。

坐龙峡村农业产业以茶叶为主，绵延青翠的茶园，与高大险峻的青山混为一体，似翠绿的绸缎铺盖在大地上。远处飘着淡淡的云雾，空气中弥漫着茶叶的清香，沁人心脾。

游完坐龙峡，到张家坡喝土家米酒，吃腊肉土鸡，住吊脚楼民宿，绝对是新鲜而惬意的美事。

※ **主要看点**

坐龙峡大峡谷风光，张家坡土家美食，吊脚楼民宿

※ **交通指引**

路线一（自驾）：吉首市区进 S99 龙吉高速永顺县芙蓉镇出口下，沿 352 国道行驶约 15 分钟后转迁河公路即可抵坐龙峡村；

路线二（自驾）：古丈县城沿 352 国道行驶约 35 分钟后转迁河公路即可抵坐龙峡村；

路线三（自驾）：S99 龙吉高速芙蓉镇出口下，沿 352 国道行驶约 15 分钟后转迁河公路即可抵坐龙峡村。

2
1	3

俯瞰坐龙峡村
峡谷风光
村中盘山公路

精准扶贫首倡地

——花垣县双龙镇十八洞村

　　十八洞村位于双龙镇，毗邻包茂高速、209 和 319 国道复线，距县城 34 公里，全村 6 个村民小组，225 户 939 人。村落自然景观独特，辖区有 18 个天然溶洞组成的巨大溶洞群，洞洞相连，形态各异，村名因此而得。村落形成于明末清初，民居以木结构建筑为主，有较多的清代建筑和民国时期建筑。2014 年之前，十八洞村是远近闻名的贫困村。2013 年 11 月 3 日，习近平总书记来到十八洞村视察，作出了"实事求是、因地制宜、分类指导、精准扶贫"的重要指示，十八洞村成了全国"精准扶贫"的首倡地。

　　以往的十八洞，基础条件差，村舍环境简陋。2014 年以来，十八洞村确立了"人与自然和谐相处、建设与原生态协调统一、建筑与民族特色完美结合"建设原则，实施"三通""五改"和公共服务设施建设，农网改造全面完成，新建了游客服务中心、电商服务站、苗寨特色产品店、金融服务站和民族文化展示中心。

　　如今的十八洞村，"钱袋鼓了，单身汉脱了单"。2012 年，十八洞村全村总收入 140 万元，集体经济是空白，村里有一批找不到媳妇的单身汉。2014 年以来，十八洞村因地制宜发展乡村游加黄桃、猕猴桃、苗绣、山泉水等"旅游 +"产业体系。2018 年，全村人均纯收入由 2013 年的 1668 元增加到 12128 元，贫困大龄男青年成功"脱贫"又"脱单"。2018 年中秋节，44 岁光棍汉施六金脱单结婚那天，他贴了一副对联，"致富感谢共产党，脱单不忘总书记"，由衷表达了十八洞村人对党的深情。

　　近年来，十八洞村先后荣获"全国少数民族特色村寨""全国乡村旅游示范村""全国文明村"等殊荣。2018 年 10 月，十八洞村获评"中国美丽休闲乡村"。

| 1 | 2 | 3 | 4 |
| 5 |

※ 主要看点

精准扶贫首倡地，感受总书记的为民情怀，感受这里翻天覆地的变化；溶洞幽深、山谷奇险、植被茂密，可沿着游步道寻奇探幽

※ 交通指引

路线一（自驾）：吉首市区沿包茂高速重庆方向行驶，矮寨出口下，沿209国道花垣方向行驶20公里即抵十八洞村；

路线二（自驾）：花垣县城沿城北大道进入S10张花高速，转包茂高速花垣东出口下，沿209国道吉首方向行驶20公里即抵十八洞村；

路线三（公共交通）：花垣县城客运南站乘往排碧的乡村公交，约1小时到达十八洞村路口，步行约5分钟到达十八洞村。

竹子寨
农家乐生意火爆
幸福生活红红火火
丰收
梨子寨

天边的苗寨
——花垣县双龙镇金龙村

　　金龙村位于双龙镇，始建于康熙年间，一条长十多公里的悬崖峡谷绕村而过，沟壑纵横，飞瀑流泉，怪石嶙峋。因寨子建在悬崖之上，金龙村有"悬崖上的苗寨"之称。

　　全村 7 个自然寨，13 个村民小组，1295 人；有古井 8 口，古树百余株，其中一棵"榉木王"，已有 600 余年历史。

　　金龙苗寨瓦房建筑呈五柱七挂等特点，屋前的青石板院坝里，搁有犁耙、风车等农具。屋里的火塘上方，挂满了腊肉。火塘中间立有生铁铸的三脚架，每当夜幕降临，劳作归来的村民便围着火塘煮饭炒菜，如遇亲朋好友来访，就围着火塘饮酒放歌。

　　金龙气候独特，全年四分之一的时间都有雾罩，是观赏云海奇观的极佳去处。这里林木葱郁，不仅出产名贵中草药和优质木材，茂密的森林里，还生活着猕猴。

　　村寨周边有大片的野樱桃树。早春时节，漫山的野樱桃花开，恍若仙境；暮春之时，野樱桃成熟，村里会举办传统的樱桃会，苗家青年男女以歌传情、以歌定情，也是外来游人体会苗族

风情的绝好机会。

　　金龙村峡谷对面的那排山峦，勾勒出睡神的模样。有人说，那就是战神蚩尤，他安静地躺在这里，守护着这片苗疆沃土。而今，这里的乡村旅游设施十分完善，是游客们度假休闲的好去处。

※ 主要看点

云海奇观，蚩尤睡像，苗家建筑，樱桃盛会

1 | 2 | 3
4

金龙瑞雪
金龙苗鼓
樱桃会
长桌宴

※ 交通指引

　　路线一（自驾）：吉首市区沿包茂高速重庆方向行驶，矮寨出口下，沿209国道花垣方向行驶8公里转037县道抵金龙村；

　　路线二（自驾）：花垣县城沿209国道至双龙镇，转037县道抵金龙村；

　　路线三（公共交通）：花垣县城客运南站乘往排碧的乡村公交，约1小时抵排碧，在排碧租车，约20分钟抵金龙村。

苗族学者石启贵故里

——花垣县双龙镇芷耳村

芷耳村坐落于德夯峡谷、夯湘峡谷的上方，与吉首德夯景区交界；距209国道7公里，距包茂高速矮寨出口9公里，交通便利。境内沟壑纵横，涧谷幽深，自然风光优美。

芷耳村古老的木屋建筑，围绕寨中间的一丘圆形大田依山而建。这些房屋，或青瓦木壁，或青石垒砌，或用黄泥夹山竹修建，偏屋的顶多是盖上杉木树皮，陈年累积，青苔斑驳。屋前屋后，整齐堆放着干柴。屋檐下大多挂有黄澄澄的包谷，院坝上用木棍支起的晒衣竿子上，随风飘曳着花花绿绿的衣裤和长长的青色头帕。翠竹、箬竹（棕叶）、桂花树在周边肆意生长，把寨子装点得纯朴而自然。

芷耳人心灵手巧，苗家刺绣、蜡染、银饰、花带等乡村非遗技艺都出自他们之手。每逢春节、樱桃会、赶秋节、过苗年，附近村寨的人都喜欢来这里打苗鼓、唱苗歌、上刀梯、顶金枪等。贵客来了，芷耳人会设置拦门酒，唱上拦门歌，把热情与奔放表达在酒里、歌里和热饭佳肴里。

　　芒耳村还出了个名人石启贵，他是民国时期的民族学家，苗学研究的先驱，苗族教育家、政治家，其撰写的《湘西苗族实地调查报告》一书，是我国第一部由苗族知识分子撰写的关于苗族历史、语言记录与研究的巨著。

※　主要看点

　　山水风光，苗族文化，流沙瀑布

※　交通指引

　　路线一（自驾）：吉首市区沿包茂高速重庆方向行驶，矮寨出口下，沿209国道花垣方向8公里转037县道8公里抵芒耳村；

　　路线二（自驾）：花垣县城区沿城北大道进入S10张花高速转包茂高速，花垣东出口下，沿209国道吉首方向26公里转037县道8公里到达芒耳村；

　　路线三（公共交通）：花垣县城客运南站乘往排碧的乡村公交，约1小时到达排碧，在排碧租车约20分钟到达芒耳村。

1		2	
3	4	5	6

芒耳村全貌
九龙瀑布群
芒耳一角
苗族婚俗——抹黑
悬崖上的风景
芒耳有喜

西瓜香甜村庄美
——花垣县双龙镇岩锣村

　　双龙镇岩锣村位于县城东南部，紧邻 G319、G209 复线和包茂高速，交通十分便利。全村 9 个村民小组，1078 人。

　　岩锣村青山环绕，山上植被茂密，风景十分优美。

　　村庄依山而建，房屋层层叠叠，气势恢宏。村中老建筑石家老宅，始建于清中期。正屋为一字五开间砖木结构。前檐、山面及后檐为片石台基，方形石柱础。院落为青石板铺筑。房屋结构采用的是五柱九挂穿斗式木构架，屋面为悬山顶双坡小青瓦。右次间前接配砖木结构吊脚楼。正屋山面为青砖马头墙，前檐青砖皆压模梅花等吉祥图案。窗花雕刻精美，图案以莲花为主。站在石家老宅面前，一种远古的气息扑面而来。

　　岩锣村苗族风情浓烈，苗族文化底蕴深厚。有苗族巴代、烤酒等非物质文化遗产。每逢喜事和节庆，全村老少，特别是妇女身着苗族传统服装，穿金戴银，是一道美不胜收的风景线。

西瓜是这里的特产。每年西瓜成熟的时候，村里都要举办西瓜节，吸引了无数游客前来观光体验。

※ 主要看点

自然风光，苗族民居，西瓜园

※ 交通指引

路线一（自驾）：吉首市区沿包茂高速重庆方向行驶，矮寨出口下，沿209国道花垣方向行驶8公里，转037县道3公里抵岩锣村；

路线二（自驾）：花垣县城区沿城北大道进入S10张花高速转包茂高速，花垣东出口下，沿209国道吉首方向行驶26公里转037县道3公里抵岩锣村；

路线三（公共交通）：花垣县城客运南站乘往排碧的乡村公交，约1小时到达排碧，在排碧租车约10分钟抵岩锣村。

云雾缭绕仙居地

——花垣县双龙镇双龙村

双龙村位于花垣县东南部，有盘山公路可以直达。该村坐落在半山之中，寨子中房屋密密匝匝地紧挨在一起，如迷宫一般让人遐想无穷。房子多是木质材料建造，古色古香。寨子前面是一坝上千亩的梯田，层层叠叠。一年四季，站在寨子后面的平台上，都可以欣赏到如画的风景。

走进寨子，遇到大哥、大嫂，都会亲热地和你招呼一声"黛勾，嘎几木"（年轻人，到哪里去）或者"黛勾，处浪名堂"（年轻人，你忙什么）。这里的村民淳朴善良，热情好客。一旦客人来了，主人家立马就会加柴，将火烧得旺旺的，给你敬烟、倒茶，还留你吃饭、喝酒。

双龙瀑布很美。双龙瀑布群由小龙瀑、窟索瀑、护潭瀑、蟹将瀑 4 条瀑布组成。小龙洞瀑布最大落差有 140 多米，从悬崖绝壁上飞流直下，声势磅礴；窟索瀑布洞口威严，流水汹涌；护潭瀑布水落如纱，含情脉脉；蟹将瀑布姿态婆娑。

这里距离十八洞村不远，有栈道可以通达。沿着栈道去十八洞村，沿途峡谷幽深、植被茂密，是理想的户外徒步路线。

※ 主要看点

古老苗寨，层层梯田；多处瀑布，蔚为壮观；栈道景观，美不胜收

※ 交通指引

路线一（自驾）：吉首市区沿包茂高速重庆方向行驶，矮寨出口下，209国道花垣方向行驶18公里到村入口，顺入口村道行驶4公里到达双龙村；

路线二（自驾）：花垣县城区沿城北大道进入S10张花高速转包茂高速，花垣东出口下，沿209国道吉首方向行驶22公里到达双龙村入口，顺入口村道行驶4公里到达双龙村；

路线三（公共交通）：花垣县城客运南站乘往排碧的乡村公交约1小时抵双龙村入口，步行4公里到双龙村。

	2	3
4	5	6
1		

山腰上的苗寨
双龙飞瀑
溶洞景观耀五彩
挂壁公路
小巷幽深
竹器编织

尖山似笔倒写青天一张纸
——花垣县麻栗场镇沙科村

　　沙科村距花垣县城区 15 公里，北有包茂高速公路（G65）花垣东互通和 209、319 国道复线；正在修建的湘西机场在村东北方，距村仅 6 公里。村内水资源丰富，12 口古井清泉汩汩，冰凉甘甜。

　　沙科村的西北方耸立着旅游观光胜境尖岩山，尖岩山又称"文笔峰"。据《永绥县志》记载：东晋道家葛洪曾在尖岩山顶炼丹，山上至今还有金盆映月、仙境石林、笔锋塔、仙人桥、朝霞亭等景观遗迹。

　　清代花垣有个苗族秀才石板塘，路过尖岩山，看到该山奇峰独秀，高耸入云，像一支倒插的毛笔，于是有感撰出"尖山似笔倒写青天一张纸"的上联。由于该联气象恢弘，壮志凌云，多年来没人能对出很好的下联。2000 年，黄永玉先生到花垣设计"翠翠"的雕像，听到随行人员说出这个上联后，雅趣顿生，当即对出下联："酉水如镜顺流碧海两婵娟。"游客到此，想必能感受到沙科尖岩山楹联独特的人文魅力。

2	4
3	
1	

密林深处是夯来
古苗寨一角
漫山遍野的映山红
农家小院

从夯来洞上下两洞内搜出大米6000多斤，黄豆2000多斤，茶油600多斤，盐巴400余斤，子弹5箱，此外还有几百块光洋和几百两鸦片烟。

硝烟散去，往事成为历史。今天的大夯来村，已是美丽村庄。

※ 主要看点

乡村风光，溶洞秘境，神奇传说

※ 交通指引

路线一（自驾）：吉首市区沿包茂高速重庆方向行驶，花垣东出口下，经麻栗场镇沿035县道过吉卫镇，转034县道向北行驶4公里即到；

路线二（自驾）：花垣县城沿209国道转031县道再转034县道抵达吉卫镇大夯来村；

路线三（公共交通）：花垣县城客运南站乘往吉卫的乡村公交，1小时10分到达吉卫镇，从吉卫镇租车约10分钟抵大夯来村。

沈从文《边城》原型地

——花垣县边城镇隘门村

　　边城镇隘门村，与重庆洪安镇和贵州迓加镇相邻，是"一脚踏三省"的地方，全村683户，人口3010人。村内有挺立河岸的马鞍山，站在山顶，整个茶峒文化旅游区一览无余，是欣赏边城风景的绝好地点。

　　在村内石碾坊的上方，有一个药王洞，考古工作者在那里发现了清水江早期先民的生活遗迹。遗址由三个洞穴组成，总面积600余平方米。1号洞口解剖地层显示文化层堆积共23层，分上下两个时期：上部堆积属旧石器时代向新石器时代过渡阶段；下部堆积属旧石器晚期，是一处洞穴和旷野遗存相结合的旧石器时代文化遗址，先后共出土石器62件。

　　通过对考古发掘样本进行测试，证明了3万多年前的湘西茶峒清水江一带，湘西先民已在沅水、酉水及支流清水江边洞穴与台地上过着渔猎生活。该遗址的发现，对湘西史前文明的起源、早期人类的发展与族属的演变研究提供了更多佐证。

　　隘门村所在地边城镇，是沈从文小说《边城》的原型地。古老的渡口，少女翠翠和天佑、傩送兄弟，演绎出一段清新而凄美的故事。现在村内的百家书法园——以中国书法家协会前主席沈鹏领衔的百位中国当代书法名家，把沈从文的《边城》原文分段书写后刻在石碑上——已是一道独特的风景。游客到此，既可以拜读《边城》原文，也可以欣赏到美轮美奂的书刻作品。

在隘门村，拉拉渡、古老的石碾坊、半山之中的白塔，还在续写着《边城》故事，不过故事的主角，已是今人。

※ 主要看点

一脚踏三省，拉拉渡，石碾坊，白塔，百家书法园，药王洞遗址

※ 交通指引

路线一（自驾）：吉首市区进包茂高速往重庆方向，花垣西出口下，沿 242 国道行驶至隘门村；

路线二（自驾）：花垣县城区沿城北大道进 S10 张花高速转包茂高速，花垣西出口下，沿 242 国道行驶至隘门村；

路线三（公共交通）：花垣县城客运南站乘往边城的乡村公交，约 35 分钟抵隘门村。

```
      | 4
  2   |----
      | 5
  3   |----
      | 6
  1
```

远眺隘门村
夕照隘门情悠悠
《边城》中的拉拉渡
隘门一角
边城夜景
国立茶峒师范原址

商周遗址地 边城第一村
——花垣县边城镇磨老村

磨老村位于清水江中游东岸台地上，距边城镇9.7公里，与贵州省松桃苗族自治县隔河相望，是名副其实的边地，被誉为两省无地界的"边城第一村"。这里屋宅、稻田、耕地、池塘相间分布，民风民俗独特多样。

1987年和2000年，考古专家们分两次在磨老村的一块稻田里，挖掘出了一个长150米、宽70米的商代遗址和大量陶片。几千年前的磨老村犹如一幅神奇的画卷展现在人们面前：热闹的集市，喧嚣的码头，忙碌的船只，人们交易着陶瓷、铁器、小麦、稻谷……3000多年前的这些陶片，每一处纹理都清晰地还原了商周时期这个古老山村的文化、经济和生活。

磨老码头曾是一个云集湘川黔商贾的地方，每天都有商船从常德、沅陵逶迤而来，装上由四川、贵州、湖南三地边区带来的桐油、茶油、盐巴、药材，运到其他地方的各个大口岸去。

磨老村里的非物质文化遗产非常丰富，有舞姿俏皮的猴儿鼓，古朴的傩面具，气势宏大的龙灯，小巧精致的板凳龙，还有巫傩特色的婚丧活动等，都精彩地演绎着这里古老悠久的民族文化和民俗风情。

	2	3
	4	5
1		

清水江畔磨老村
龙家大院
古寨巷道
苗家拔河赛
茶余饭后打苗鼓

※　**主要看点**

商周遗迹，磨老码头，龙家大院古建筑，清水江山水风光

※　**交通指引**

路线一（自驾）：吉首市区沿包茂高速重庆方向行驶，花垣西出口下，沿 242 国道经边城镇转 084 乡道行驶约 10 公里即到；

路线二（自驾）：花垣县城区沿城北大道进 S10 张花高速转包茂高速，花垣西出口下，沿 242 国道经边城镇转 084 乡道行驶约 10 公里即到；

路线三（公共交通）：花垣县城客运南站乘往边城的乡村公交，约 35 分钟到边城镇，从边城镇租车约 20 分钟抵磨老村。

紫霞湖畔好风光

——花垣县花垣镇紫霞村

紫霞村坐落在花垣县城以西12公里，全村共有三个自然寨，以吴、龙、麻、石姓苗族为主体，全村共有180户870人。

紫霞村位于古苗河国家湿地公园中心紫霞湖边，自然环境优美。紫霞湖水面辽阔，绿草如茵的滩涂，恢弘壮阔的晨曦和夕阳，湖面上穿梭往来的渔舟，一年四季都吸引着无数游人前来观光览胜。

紫霞村建筑体态自由，次序明确。基于地形地势的特性，房屋多沿等高线排列，依山脉、河流的趋势和走向而建，而不强求坐北朝南，整体布局和单体形态均表现出不规则的自由倾向。房子从大门开始，依次为院—堂屋—火塘间—卧室，村内尚有保存完好的清代古民居。

村寨保存着大量的非物质文化遗产，如山歌、傩歌、哭嫁歌、故事歌、椎牛鼓舞歌、扛仙歌等；内容丰富，有表现青年男女爱情的，有祭祀鬼神、还傩愿酬神的，还有叙述苗族英雄、讲述民间故事的。银饰可分头饰、颈饰、胸饰、手饰、盛装饰和童帽饰等，已有千年历史。

该村产业以猕猴桃、黄桃、翠玉梨、西瓜种植和休闲业等为主。2017年10月，紫霞村入选中国传统村落名录。

※ 主要看点

紫霞湖风光，苗汉子猕猴桃园，户外扎营好场所

118

1	2
	3
	4

紫霞湖全景图
泛舟紫霞湖
紫霞观景台
精心护理猕猴桃

 交通指引

路线一（自驾）：吉首市区沿包茂高速重庆方向行驶，花垣出口下，沿 209 国道吉首方向 4 公里转 031 县道至紫霞村；

路线二（自驾）：花垣县 209 国道吉首方向行驶 4 公里转 031 县道抵紫霞村；

路线三（公共交通）：花垣县城客运南站乘往龙潭的乡村公交到达紫霞村。

石头垒砌的乡愁记忆
——花垣县雅酉镇扪岱村

扪岱村位于雅酉镇，这里山峦叠翠，沟谷交错，溪流纵横，悬崖壁立，陡坡横亘，民居以石质结构为主。全村共有明清时期青石屋118栋，还有古炮楼、古城墙。古村石板路曲径幽折，两旁石墙耸立，民居错落有致。顺途而入，石屋墙角、石刻门楣、石雕门窗，无不让人惊叹古村石系建筑的高超水平与精湛技艺。高耸的石墙使巷面显得狭窄，给人以幽深之感。行走其间，石脚的情怀，石肩的拥抱，石墙的印证，石梁的坚守，石缸的沉静，石瓦的映射，让人流连。

这里的苗绣非常有名。苗家妇女以家庭纺车等传统的工具纺纱织布，精心蜡染，使该村享有"蜡染民间艺术之村"称号。这里的烧酒采用苗家古法酿造，若逢重大节日，贵宾入寨，淳朴好客的苗家人会拿出自酿的包谷烧和苗家酸鱼等特产来招待客人，你还会有幸一睹唱苗歌、舞苗拳、耍法术、斗酒戏等苗族传统活动的风采。

扪岱石头村宛如一本线装古书，给后人留下了丰厚的历史文化遗产。2017年，扪岱村被国家住建部收录为"中国传统村落"；2019年，被评为"中国少数民族特色村寨"。

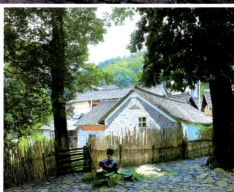

	2		
	3	4	5
1			

扪岱村全景
幽静的巷道
节日看热闹
唢呐吹响喜事来
古树下的村庄

※ **主要看点**

石路、石墙、石头屋，古树群落，醇香的包谷烧酒

※ **交通指引**

路线一（自驾）：吉首市区沿包茂高速重庆方向行驶，花垣东出口下，经麻栗场镇沿 035 县道过雅酉镇，向南行驶 10 公里即到；

路线二（自驾）：花垣县沿 209 国道转 035 县道抵雅酉镇，向南行驶 10 公里即到；

路线三（公共交通）：花垣县城客运南站乘往雅酉的乡村公交，约 1 小时 50 分钟到达雅酉镇，从雅酉镇租车约 20 分钟抵扪岱村。

苗祖圣山　吕洞秘境
——保靖县吕洞山镇吕洞村

　　吕洞山因山峰上有两个呈倒"吕"字形的山洞而得名。她被称为苗祖圣山,从古至今,每年的苗年节日,四邻八乡的苗家人都汇集于此,拜山拜水祭先祖,坐落在此的吕洞村因此成为一个"化石级"的古苗寨。

　　相传远古时代,蚩尤战败后一路南迁,其中最大的一支来到吕洞山,被这方神奇而宁静的山水吸引,从此停留下来,繁衍生息,过着平和隐逸的生活。

　　吕洞村是吕洞山下的苗家村落,共4个村民小组,320户1375人,99.3%是苗族人口;主要产业为保靖黄金茶,现有茶林3200亩。这里的苗族特色民居古朴美观,青石板路进入家家庭院,游步道、观景台,以及吕洞山祭祀台和农家乐等,旅游设施一应俱全。

　　吕洞村境内,峰峦挺拔,沟壑深幽,绝壁如切,林木葱茏;溶洞多,溪流多,奇峰峻秀,飞瀑流泉,云海仙山。中国美术家协会常务理事、水彩艺委会主任黄铁山称赞其为"中国风光最美、苗族文化保存最完整、最原生态的苗寨"。

　　独特的历史沿革形成了吕洞村在宗教信仰、生活习俗、节日庆典、民族歌舞、娱乐饮食、民间工艺、民居形式等方面灿烂的民族文化。挑花、刺绣、织锦、蜡染、剪纸、首饰制作等传统工艺瑰丽多彩;"踩铧口""捞油锅""上刀梯""吃火"等巫傩绝技神秘莫测,令人叹为观止。

	2	吕洞梯田、山寨
	3	吕洞仙境民居
1	4	苗家吊脚楼
		苗族团结鼓舞

※ **主要看点**

　　吕洞山自然风光，苗寨建筑，巫傩绝技，"非遗"文化

※ **交通指引**

　　路线一（自驾）：吉首市区出发，经酒鬼公司、吉首北高速连接线进入夯吉二级公路，途经梯子寨（五行苗寨木寨）后到达吕洞村，全程约30分钟。

　　路线二（公共交通）：保靖城内乘吕洞山镇方向班车，途经长潭河乡、水田河镇、金落河村、西游村后到达吕洞村，全程约1小时30分钟。

情歌荡漾的峡谷
——保靖县吕洞山镇夯沙村

夯沙村位于吕洞山镇南部、神奇峻秀的吕洞山脚下，全村共有3个村民小组，9个自然寨，338户1398人，是一个苗族聚居村落。

夯沙境内旅游资源丰富，主要由大烽冲瀑布群、大九冲瀑布群和排拔苗寨组成。2012年，夯沙村被列入首批中国传统村落名录，为"湖南省首批特色旅游名村"；先后荣获全省"民族团结进步模范集体""最美少数民族特色村"等荣誉称号。

夯沙村非物质文化遗产资源也十分丰富。苗鼓、苗歌、武术、舞狮子、圣山祭祀、苗族舞蹈、苗族节庆（挑葱会、赶秋节、苗年）、苗族民俗（接龙求雨、踩铧口、上刀梯、摸油锅、八人秋）、苗族习俗（打粑粑、杀年猪、长龙宴）、手工技艺（苗画、织锦、刺绣、印染、凿花、银饰）等，让人惊叹不已。

夯沙，苗语意为"峡谷歌声"。苗族是一个浪漫的民族，以歌会意、以歌传情是生活的重要形式，平日里以歌相对，每逢节会，歌声更是日夜不停。三月三"挑葱会"，春暖

花开，春心萌动，苗家青年男女相亲会；春光里，星空下，漫山遍野都是浓情蜜意的歌声。真是"一年一度挑葱会，情歌荡漾满峡谷"。

夯沙一年四季都美不胜收。绿水、青山、村庄、牛羊，瀑布群、风雨桥……满眼都是风景，随处都可抒情。春天，黄金茶清香和油菜花芬芳交融弥漫，让人沉醉；秋天，吕洞山下稻穗遍铺金黄，整个峡谷恍若人间仙境。

※ 主要看点

高山峡谷瀑布风光，苗歌苗鼓民族风情，非物质文化遗产

※ 交通指引

路线一（自驾）：吉首火车站出发，经酒鬼公司、吉首北高速连接线，进入夯吉二级公路，经夯吉村后到达夯沙村，全程约 20 分钟；

路线二（公共交通）：保靖城内乘吕洞山镇方向班车，途经长潭河乡、水田河镇，全程约 2 个小时，在夯沙村游客接待中心下车即到。

"千里苗疆第一寨"
——保靖县吕洞山镇夯吉村

　　夯吉村是一个美丽的苗寨，位于保靖县吕洞山镇东部，辖4个村民小组，448户2000余人，是一个典型的苗族聚居村。2016年，夯吉村入列第四批中国传统村落名录，获评"湖南省少数民族特色村寨"。

　　夯吉村民居一直保持着原有的苗寨建筑风格，户间路全是青石板铺就，站在观景台上可以一览村庄全景。

　　民居多为青瓦木屋，古朴典雅，间杂有不少吊脚楼，错落有致，层层叠叠。九山八沟的民居，看似毫无章法，实则有规可依。它们依着山势而建，顺着山沟铺排，一屋勾着一屋，一栋连着一栋，或大或小，或新或旧，或高或低，或露或藏，曲折缠绵，安放在青山中，掩映在绿树间。美丽的玉带河穿过村寨，小桥流水，桃李争艳，被外界誉为"千里苗疆第一寨"。

　　这里，山是绿的，田野是绿的，一年四季绿意盎然。夯吉，苗语之意是"飘满茶香的峡谷"，目前保存较好的古茶园有打披古茶园、图久古茶园、峒夯吉古茶园三处。据史料记载，夯吉村是明清时期黄金茶作为贡品输出通道——茶马古道上的一个重要供应点和驿站。

夯吉村的非物质文化遗产丰富。夯吉苗歌情绪饱满，婉转悠扬；苗族鼓舞动作粗犷奔放；苗族花带色彩斑斓；苗家织锦花样繁多，寓意深长。

※ 主要看点

苗家特色民居，古茶园，茶马古道驿站，苗族手工技艺

※ 交通指引

路线一（自驾）：吉首市区出发，经酒鬼公司、吉首北高速连接线，进入夯吉二级公路到达夯吉村，全程约15分钟；

路线二（公共交通）：保靖城内乘吕洞山镇方向班车，经长潭河乡、水田河镇，约2小时，在夯沙村游客接待中心转乘农村公交，约10分钟至夯吉村游客接待中心。

绿色苗寨   1 | 2
苗寨之晨   3
苗女采茶   4
苗家晒秋

八部大王故里

——保靖县碗米坡镇沙湾村

　　沙湾村位于保靖县碗米坡镇西北方向，地处"酉水百里画廊"中心位置，是一个土家族聚居地。悠悠的酉水从这里蜿蜒流过，滋养着一代又一代土家子孙。

　　全村面积9.13平方公里，共有8个自然寨，6个村民小组，310户1191人。2014年，沙湾村进入湖南省少数民族特色村寨保护和发展名录；2019年，入选第五批中国传统村落名录。

　　沙湾村是一个风景如画的地方，村庄依山而建，三面环水，树木掩映，景色宜人，文化遗存丰富，民族风情浓郁。

　　进入村子，错落有致的土家建筑最惹人注目，清一色的木质民居，吊脚楼、转角楼等保留完好。这些民居与古朴厚重的土家族原生态文化以及秀美的山水，组合成一个鲜活的土家建筑标本，可谓之"土家原生态建筑博物馆"。

　　这里有清代乾隆年间修建的首八峒八部大王庙遗址。八部大王是酉水流域土家族人共同的祖先。首八峒是土家远祖八部大王故里，被誉为酉水文化中心，是土家古老的宗教圣地。

　　梯玛神歌是土家族梯玛活动中一种用土家语演唱的古歌。唱梯玛神歌是土家祭祀活动中不可缺少的重要仪式之一，梯玛神歌卷帙浩繁，长达数万行，是集诗、歌、乐、舞为一体的

1	2
	3
	4

酉水河畔沙湾村
黔山下的风景
祭祀八部大王
春到沙湾

庞大艺术载体，表现了开天辟地和人类繁衍、祭祀、迁徙、狩猎、耕作及饮食起居等广泛的社会生活内容。

※ 主要看点

酉水自然风光，八部大王庙遗址，土家原生态民居

※ 交通指引

路线一（自驾）：包茂高速保靖出口下，经沿江大道进入迁清公路，途经府库村二〇二民宿、碗米坡电站、拔茅村，约38公里到达沙湾村渡口，乘船约5分钟到达村部，全程约30分钟；

路线二（公共交通）：保靖城内乘比耳镇方向班车，途经碗米坡镇到沙湾村渡口下车，乘船约5分钟到达村部，全程约20分钟。

"酉水明珠"拔茅寨
——保靖县碗米坡镇拔茅村

有首山歌唱道："白云山的山，酉水河的水，拔茅寨的鱼儿味道美。"

拔茅寨就是拔茅村，现在是碗米坡镇政府所在地；2005年时由原拔茅村、东落村、禾作村合并而成。全村总面积41100亩，有10个村民小组，共774户2532人。

拔茅寨旧时河街逼仄，仅容纳两个背笼进出，两侧散落古旧的民居。码头边的吊脚楼，是这个集市最后的乡野餐馆，如今已沉入水底，成为人们的记忆。

作为"酉水百里画廊"中的一颗明珠，拔茅村最出名的两个旅游节目，一是游酉水河，二是吃酉水鱼。

2001年，湘西州最大的水利工程——碗米坡电站，将浩荡酉水拦腰截断，高峡顿时成平湖。带着对河街的无限留恋，拔茅村从谷底整体搬迁到碗米坡上。

酉水河清澈明亮，两岸青山相对而出，水墨丹青，风景如画。酉水河的鱼儿聚集在湖泊里，时不时跃出水面，划一道美丽的光影。它们是水中的精灵，也是盘中的美味，肉质鲜嫩，名扬湘西。

这里是酉水流域土家人的发源地，首八峒是土家先祖八部大王的故里。为传承土家族悠久的历史文化，村里建起了一个梯玛公园。逢年过节、集市赶场，走出贫困的土家人在公园跳摆手舞，唱山歌，打鼓吹号，热闹非常。

※ 主要看点

酉水高峡平湖风光，碗米坡水电站，拔茅特色鱼宴

※ 交通指引

路线一（自驾）：包茂高速保靖出口下，经县城沿江大道进入迁清公路，经府库村二〇二民宿、碗米坡电站行驶21公里进入拔茅村，全程约20分钟；

路线二（公共交通）：保靖城内乘碗米坡镇方向班车，途经碗米坡电站抵拔茅村，全程约20分钟。

	2	西水明珠拔茅村
	3	水上民居静幽幽
	4	脐橙丰收小船摇
1		碗米坡电站大坝
	5	茶籽丰收晒满坪

※ 137

休闲旅游大乐园
——保靖县迁陵镇陇木峒村

陇木峒村距保靖县城 15 公里，与碗米坡大型水电站相接，是典型的土家山寨。全村共4 个村民小组，总面积 6.8 平方公里；入列第五批中国传统村落名录。

曾有民谣"有女不嫁陇木峒，一水要当三次用"，深刻地描绘了此处山高水少的艰苦环境。而今，勤劳纯朴的陇木峒人不畏艰难、敢于创新，谱写了缤纷生活的美妙音符，描绘出美好生活的精彩画卷。

村寨不大，树木葱茏满眼绿；村民勤劳，瓜果遍地四季香。交通便利的陇木峒村，乡村旅游红红火火，悬崖秋千、旱雪滑草、丛林穿越、碰碰球场、野战排等游乐项目，引来游客络绎不绝。

毛古斯、土家调年舞（即摆手舞）、土家山歌等使陇木峒旅游文化锦上添花，异彩纷呈。

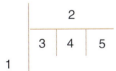

	2		
	3	4	5
1			

神雾笼罩下的村庄
高山游乐场
后山生态园
八部大王像
陇木峒人唱赞歌

陇木峒村作为生态宜居的土家山寨，风景、文化珠联璧合，是一个体验乡村生活、感受土家文化的好去处。

※ **主要看点**

土家山寨自然风光，建筑、民俗文化，各种运动项目

※ **交通指引**

路线一（自驾）：包茂高速保靖出口下，保靖县城经朦瞳溪、谭家村、昂洞村后即到达陇木峒村游客接待中心，全程约25分钟；

路线二（公共交通）：保靖城内汽车北站乘碗米坡镇方向班车，途经陇木峒村，全程约20分钟。

诗情画意新农村
——保靖县迁陵镇和平村

　　土家山寨和平村位于保靖县迁陵镇南部，距离县城 5 公里，辖 7 个村民小组，16 个自然寨，533 户 1993 人，耕地面积 3310 亩，林地面积 3800 亩，有保靖县城"后花园"之称。

　　进入和平村，自然而然就会想起唐朝诗人孟浩然"绿树村边合，青山郭外斜"的诗句。这里青山如黛，错落有致的民居小院和古色古香的农家乐掩映在绿树间。葡萄园里果香四溢，平湖之上渔歌唱晚，农家院子百花争艳……一派诗情画意的田园风光。

　　这里历代文人辈出，孝道文化源远流长。当代著名作家彭学明出生在这里，其优秀长篇散文《娘》，让人充分感受到土家"娘"的平凡与伟大。

　　这里区位优势、资源优势融为一体，以村部为核心的游客接待中心已初步形成，村级公共服务平台也初具规模。以岩人山空中花海为龙头的花卉观光园，以格则湖水库为龙头的垂钓休闲园，以青年民兵葡萄种植为主的水果园，以归园山庄为龙头的水上娱乐饮食园等，让人流连忘返。

※ **主要看点**

山村自然风光，空中花海，水果园，平湖垂钓，娱乐饮食

※ **交通指引**

路线一（自驾）：包茂高速保靖出口下，保靖县城内经桐木棋廉租房、格则湖水库后即到达和平村，全程约5分钟；

路线二（公共交通）：保靖城内汽车站乘水田河镇或长潭河镇方向班车，途经和平村，全程约15分钟。

1	2
3	4

朝霞辉映的山寨
老寨晒秋
民宿小院
春光无限美

土家"蔡伦村"
——永顺县灵溪镇洞坎村

　　洞坎村，是一个自然与人文完美结合的传统村落，坐落在凤栖河边。清丽的小溪从村子中间蜿蜒而过。沿着小溪一路往上，要经过 11 个自然寨，20 余座小石桥。小桥两头挑起一栋栋吊脚木楼，古朴宁静。四周山峦起伏，山山岭岭的楠竹青翠欲滴，常年把村子拥抱在绿海之中。

　　陈家坡是进入洞坎村的第一个寨子，"竹在林中生，梅在竹中留。鸟在梅间鸣，人在画中游"的竹梅山寨已远近闻名。铺展在房前屋后的梅花，连接着各家各户的石板路。还有象征着 56 个民族大团圆的超级大背篓，装满了陈家坡人的幸福生活。

　　由于竹林资源丰富，洞坎村有一种传承了数百年的独特技艺——"土法造纸"。每一张纸须经过舀、压、揭、凉、晒等十多道工序才能制成，造成的纸叫"畬纸"。"畬纸"被湘西州纳入非物质文化遗产名录，洞坎村也被称作土家"蔡伦村"。

　　洞坎村继承着世代舞草把龙的农耕习俗。每年农历五六月间，田里的秧苗绿油油的，

村民们就会玩草把龙，以舞草龙来驱逐稻瘟虫害，祈求山寨风调雨顺，五谷丰登。

洞坎村村民传承着土家人能歌善舞的优良基因，摆手舞、打溜子在春社、过赶年等节庆活动上从不缺席。充满灵气的楠竹也催生了洞坎人的智慧，提篮、背篓、茶叶盒等精致竹编演绎着村寨里的五彩生活。

※ **主要看点**

陈家坡竹梅，民宿"楠舍"，村民舞草把龙，舀纸工艺

※ **交通指引**

路线一（自驾）：吉首市区上包茂高速转龙吉高速，永顺勺哈出口下，往勺哈方向行驶，到勺哈后转进凤栖电站，行驶约3公里抵洞坎村；

路线二（自驾）：永顺县城往勺哈方向出发，到勺哈后转进凤栖电站，再行驶约3公里到达洞坎村；

路线三（公共交通）：永顺县老汽车站搭乘洞坎村方向汽车直达洞坎村。

	2	3
	4	5
1		

陈家坡梅花园
山村小景
舞草把龙前的祭祀仪式
土法造纸
山涧清清

湘鄂川黔革命根据地
——永顺县塔卧镇塔卧居委会

　　塔卧镇位于永顺县东北部。第二次国内革命战争时期，贺龙、任弼时、关向应、萧克、王震等老一辈无产阶级革命家以塔卧为中心，创建了湘鄂川黔革命根据地。根据地旧址就设于现在的塔卧居委会，现已被列为全国爱国主义教育示范基地，并纳入全国百个红色旅游景点和全国三十条红色旅游精品路线。

　　塔卧也是中央红军第五次反"围剿"失败后，中国共产党在长江南岸建立的最后一块红色根据地，被誉为"江南的延安"。在那血雨腥风、黑云笼罩的时代，先驱们在塔卧点燃了燎原的星火，竖起了火红的战旗，书写了传奇史诗。

　　根据地旧址里，四合小院青石板路光滑平整，粮仓、武器库、训练场一应俱全。省革命委员会、省军区、省委党校、红四分校、无线电台、兵工厂、烈士陵园、纪念碑等革命遗址分布在小镇四方，诉说着烽火岁月的革命豪情。在湘鄂川黔革命根据地纪念馆，先辈革命历程及"父子四人当红军"等感人革命故事生动再现。

　　这里，还走出了许多杰出人物，如炼盐制碱、为中国抗战和化工做出卓越贡献的红色资本家，原轻工业部部长、后任全国政协副主席的李烛尘；原哈尔滨工业大学校长、后任中纪委书记的李昌，中国科学院院士李文采……

1	2	3
		4
		5
		6

塔卧中国工农红军第四分校旧址

革命烈士纪念碑

湘鄂川黔革命根据地雕塑

湘鄂川黔革命根据地纪念馆内景

烈士陵园

红色文化代代传

※ **主要看点**

　　湘鄂川黔革命根据地纪念馆，烈士陵园，纪念碑

※ **交通指引**

　　路线一（自驾）：吉首市区上包茂高速转龙吉高速，永顺勾哈出口下，走绕城路出城，沿306省道行驶约31公里即抵塔卧镇塔卧居委会；

　　路线二（自驾）：永顺县城连洞方向出城，沿306省道行驶约31公里即可到塔卧镇塔卧居委会；

　　路线三（公共交通）：永顺县城汽车站乘塔卧方向汽车直达，车程约50分钟。

产业振兴富农家
——永顺县高坪乡高坪村

　　高坪村，紧邻芙蓉镇，两地虽然毗邻，却走出了截然不同的发展之路。随着乡村振兴的深入推进，高坪村借助得天独厚的产业优势，发展成远近闻名的新农村，成为乡村振兴的样本。

　　走进高坪村那咱产业园，道路两侧硕果累累：千亩猕猴桃果实饱满，挂满枝头；顺着山势绵延的黄桃，色泽金黄诱人；葡萄园里，沉甸甸的果实压弯枝丫。挂果时期，这里是一幅浓墨重彩的产业画作；丰收时节，这里是一幅甜美富足的生活大片。

　　以产业为基础，高坪村探索出一条别具特色的现代化土家村寨发展之路。青砖黑瓦、飞檐翘角的土家特色民居，点缀在产业园中，地势地貌赋予了村庄精致的自然面貌，特色民居则赋予产业风光以人文底蕴。房前屋后，红叶石楠、桂花、西洋鹃、葱兰等花卉竞相盛放，为高坪村的产业注入一分秀美。

　　沿村庄至后溶水库，环湖游道初见雏形。一湾碧水沿岸，随处可见前来休闲垂钓的居民。

沿河而建的风光带，一座风雨桥连通两岸，土家歌舞轮番上演，欢笑声不绝于耳。

　　走进高坪村，见证乡村振兴的发展成果，享受产业发展带来的自然红利，最重要的是，来这里，成为乡村美景的一部分。

高坪村全景
狝猴桃硕果满枝
优质红提
特产葡萄

※ 主要看点

　　那咱产业园，土家民居

※ 交通指引

　　路线一（自驾）：吉首市区上包茂高速转龙吉高速，芙蓉镇出口下，沿352国道往高坪方向行驶约12公里到高坪村；

　　路线二（自驾）：永顺县城出发至勺哈高速路口上龙吉高速，在芙蓉镇出口下，沿352国道往高坪方向行驶约12公里即抵高坪村，或从永顺县城沿永小公路往抚志方向出发，小龙村岔路口左转，沿352国道往高坪方向行驶约6.5公里到高坪村；

　　路线三（公共交通）：永顺县城新汽车站乘往高坪方向汽车，高坪村下车。

诗画田园陶然居

——永顺县高坪乡场坪村

从永顺县城出发，沿 230 省道行驶约 1 小时，就能到达高坪乡场坪村，从忙碌喧嚣的山城，走进诗情画意的田园生活。

在场坪，每一栋民居都是一幅充满艺术品位的作品，自然地镶嵌在山水组合而成的画框之中。土家民居飞檐翘角，波纹状的瓦檐生动游走，散发着淡淡的桐油香味。砖瓦房小巧精致，白壁上绘满了土家民俗、乡风文明等主题的画作，将房屋包裹在艺术气息之中。

春夏时节，春草蔓发，玫瑰园里鲜花怒放，与青山绿水搭配，勾勒出场坪村的色彩层次。猕猴桃产业园里果苗抽芽，层层叠叠盘旋在水泥桩上，预报着丰收和欢庆。

盛夏时节，村里的游泳池是盛放诗意的场所。炎炎夏日碧波清爽，以蓝色为基调的游泳池为夏日蒙上一层清凉，为村中带来水波粼粼的诗意。

水果成熟季，沿路两岸尽是芬芳。红提葡萄色泽棕红、颗粒饱满，形似一串串浑圆珍珠。猕猴桃色泽金黄，颗颗饱满硕大，果香沁人心脾。亲手采摘一颗颗成熟的各色水果，收获喜悦的同时也在为这幅画作点睛。

在场坪村，稻花鱼也是一道美食。以浮萍、稻花为食的稻花鱼，肉质紧实、滋味鲜美，更是游客至此不可错过的口福。

走进场坪村，忘路之远近，成为诗画田园的一部分，让诗意浸透身心。

※ 主要看点

民房彩绘，猕猴桃产业园，玫瑰园，公共游泳池

※ 交通指引

路线一（自驾）：吉首市区上包茂高速转龙吉高速，芙蓉镇出口下，沿352国道往高坪方向行驶约12公里抵场坪村；

路线二（自驾）：永顺县城出发至勺哈上龙吉高速，芙蓉镇出口下，沿352国道往高坪方向行驶约12公里即抵场坪村，或从永顺县城沿永小公路往抚志方向出发，小龙村岔路口左转，沿352国道往高坪方向行驶约6.5公里抵场坪村；

路线三（公共交通）：永顺县城新汽车站乘往高坪方向汽车，场坪村下车。

乡村美景

农家泳池

生态农庄

抓稻花鱼

家家都在花丛中

猛洞河畔秀美山村
——永顺县高坪乡雨禾村

　　雨禾村，地处猛洞河国家风景名胜区境内，距国家历史文化名镇芙蓉镇十五分钟车程，距永顺县城二十五分钟车程。一条小河从村寨中穿过，传说河边曾有两棵巨大的松树，因此得名"松木河"。松木河往下流淌两公里，注入风景秀美的猛洞河。这里林木葱茏，花香四溢，百鸟争鸣，居住于此，大有世外桃源之感。

　　这是一个土家族聚居的小山村，村里有松木圣山——摩天岭。摩天岭是战乱时松木人抗击土匪、抵御外敌入侵的地方。岭上建有堡子，一夫当关，万夫莫开，是松木的平安守护神。

　　春秋时节，树林里的野生菌随处可见，劳动之余，采摘回家，就是一道鲜美的菜肴。

　　行走在雨禾村中，芳草鲜美，落英缤纷，让人心生浪漫，顿感流光清浅，岁月安然。

　　松木河人有一句谚语：清明酒醉，猪头肉有。清明时节，大碗喝酒，尽显松木风情。

松木河之美，美在名，这个名字诗意长；美在山，群山苍翠好清爽；美在水，清清河水鱼虾壮；更美在人，勤劳上进又善良。

※ 主要看点

松木河，摩天岭，乡村民居，悠然生活，品农家腊肉

※ 交通指引

路线一（自驾）：吉首市区上包茂高速转龙吉高速芙蓉镇出口下，沿352国道往高坪方向行驶约7公里，转230省道行驶6.4公里到达雨禾村；

路线二（自驾）：永顺县城出发至勺哈上龙吉高速，芙蓉镇出口下，沿352国道往高坪方向行驶约7公里，转230省道行驶6.4公里到达雨禾村，或从永顺县城沿永小公路往抚志方向出发，行驶约29公里到达雨禾村；

路线三（公共交通）：永顺新汽车站搭乘往高坪方向汽车，到雨禾村下车。

2	3		
		5	7
4			
		6	
1			

猛洞河瀑布下漂流
雨禾小景
度假农庄
野生樱桃
野生蜂蛹
野生枞菌
农家腊肉

原始森林　天然氧吧
——永顺县小溪镇小溪村

如果要用一种颜色来描绘小溪，那一定是绿色。作为中南十三省唯一免遭第四纪冰川侵袭的原始次生林天然资源宝库，小溪的森林覆盖面积达95%，而这无处不在的绿色已在小溪绵延200万余年。

从芙蓉镇码头乘船至小溪，两岸青山隐隐，眼前绿水滔滔，酉水风光尽收眼底。驾车翻山越岭而至，行驶在原始次生林中，苍翠湿衣，清新空气沁人心脾。

沿游客中心前行，穿过别致精巧的土家民居，过跳岩、走梅花桩，就走进了植被茂密的原始次生林。一路上，珙桐、水杉、香果树、钟萼林、巴东木莲、银杏、鹅掌楸、楠木等20多种国家重点保护的珍稀树种在这里肆意生长，野生兰草等200余种花卉遍布山野。

进入森林不久，就能看见四棵树紧密相拥，组成闻名遐迩的"黄心夜合"，形如莲盘。沿着溪水上行，观赏奇花异草，呼吸着湿香空气，就可见到小溪的"代表作"——杉树王。

杉树王是小溪原始次生林中最大的杉树，需五人牵手才能合抱，历经数百年风雨沧桑，如今依然枝繁叶茂，见证着神秘小溪的山水传奇。

从"杉树王"返程，途中可见小溪著名的特色景点——三级瀑布。高山密林的溪流纵横交错，汇聚成落差近百米的三级瀑布，从山上急泻下来，水花四起、轰然有声，仿佛天女散花。飞瀑流泉、奇峰拔地，天然氧吧是自然的馈赠，凝聚着山水的精华，而在这里繁衍生息的金钱豹、云豹、白颈长尾雉等200多种国家保护动物，为这片山水注入了勃勃生机。

※ 主要看点

原始次生林风光，土家民居，三级瀑布，巴东木莲，杉树王

※ 交通指引

路线一（自驾）：吉首市区上包茂高速转龙吉高速在芙蓉镇出口下，经罗依溪大桥转019县道，行至小溪镇展笔村加油站转小路到小溪村；

路线二（自驾）：永顺县城出发至青坪镇，转019县道经永茂镇行驶约25公里至小溪镇展笔村加油站，转小路进小溪村；

路线三（公共交通）：永顺县城新汽车站乘往长官的汽车，长官转乘往小溪的汽车到达小溪村，也可到芙蓉镇码头乘船进入小溪，览西水画廊之盛景。

跌落凡间的瑶池碧玉

——永顺县石堤镇硕乐村

　　硕乐村位于石堤镇，北倚老司城，南通猛洞河，东临芙蓉镇，西与灵溪镇相接，张罗公路穿村而过，交通十分便利。

　　在村子的深处，有一处沉睡了千年的世外仙境，它就是被当地人称为"湘西小九寨"的人间瑶池马拉河。因其河水中溶有丰富的矿物质，所以呈现出如九寨沟般层次丰富的色彩。马拉河以滩险壁绝、岩石嶙峋、水质清澈而闻名。

　　盛夏时节的马拉河是户外探险、乘凉避暑的绝佳去处。河道全长 40 公里，整个游程中，要蹚 13 个水潭，溯 20 多处溪流，攀 5 处瀑布，需长时间浸水泅渡。因河道极险，游人须步行至险壁一跃而下，顺水漂流，不走回头路，较之其他漂流多了几分户外探险的刺激。

　　马拉河行程中最经典的一处要数楚江海子——山重水复之间，河水从一处天然水洞穿越而过，出了洞口，便是一处静谧如世外桃源般的美景。在幽深绚丽的峡谷光影的映衬下，一湾绿汪汪的潭水宛若跌落凡间的碧玉。碧玉的上方，晶莹剔透的泉水从铺满绿色藻类植物的山崖上流下，宛如珠帘，落入玉潭，玉潭之水如处子般恬静，好一幅水帘洞天画面。

　　游人至此，看着清澈又深不见底的潭水，常会不自觉地跃入其中。尖叫声、呐喊声会把

你的压力尽情地释放在无任何污染的天然氧吧里。

※ 主要看点

马拉河漂流，沿途美景

※ 交通指引

路线一（自驾）：吉首市区上包茂高速转龙吉高速再转张花高速，羊峰出口下，沿 352 国道往石堤方向行驶约 5.6 公里，转 034 乡道行驶 2.7 公里即达；

路线二（自驾）：永顺县城连洞方向出城，沿 306 省道往石堤方向经石堤镇转 352 国道，再转乡道 034，行驶 2.7 公里即达硕乐村。

1	2
	3
	4

清幽若梦
人间瑶池马拉河
回归自然
硕乐民居

四季花香的村庄
——永顺县泽家镇西那居委会（西那司）

　　西那司，地处永顺县泽家镇龙吉高速下线口 1.5 公里处，村名为土家语"西喇司"音译，意为"鲜花盛开的地方"。西那司因明嘉靖年间设置南渭州辖行政管理机构"西喇巡检司"而得名，坐落于海拔 960 米的牯牛山下。全村被青山绿树包围，生态良好。有千年古树 2 株，古堡遗址 3 个；有始建于清代、保存完好的古民居 45 栋。这里的民居大都建于山下，依山傍水，屋前屋后古树翠竹掩映，彰显出良好的风水格局和土家建筑文化。

　　该村民风淳朴，农耕文化特色鲜明，民族文化丰富多彩。2016 年 11 月，西那司被国家住建部列入第四批中国传统村落名录。

　　春夏时节的西那司，是一幅自然景物绘就的色彩画。走进古色古香的寨门，两旁格桑花鲜艳热烈，错落有致的土家族民居在繁花翠木间若隐若现。

　　溪水潺潺，滴石有声，百亩荷花从山脚绵延而来，荷叶田田，迎风摇曳。很久以来，西那司就有种植荷花的习惯，他们种植的荷花，属本地品种。每到夏季，荷花竞相开放，将古老的山寨装扮得格外美丽。

　　进入村寨，可游览大古堡、小古堡、依恋堡、西那巡检司遗址，到望郎桥上、白果树下

歇息，去巴尔洞探秘，到古炮洞天访古，又是一种别样的享受。

在西那司，不得不尝久负盛名的泽家羊肉。好山好水孕育出的山羊肉口感软糯、色泽金黄，佐以萝卜、酸菜等配菜，汤汁翻滚时，香味浓郁扑鼻。

※ 主要看点

荷塘山色，古树，古建筑群，西那巡检司遗址

※ 交通指引

路线一（自驾）：吉首市区上包茂高速转龙吉高速再转张花高速，永顺泽家出口下，往泽家方向行驶约4公里即达西那司村；

路线二（自驾）：永顺县城大坝方向出城，沿209国道行驶约18公里抵西那司村；

路线三（公共交通）：永顺县城老汽车站乘往泽家方向汽车到泽家镇，车程约35分钟。

杉木河畔叠七彩

——永顺县万坪镇卡木村

卡木村是澧水南源源头，从万坪杉木河沿水库而上，源头即卡木，号称"永顺县九寨沟"。在该区域路途行走时，纵然天无雨，却有空翠湿人衣之感。

卡木村掩映在万福山麓中，灵峰耸翠，山高涧深，山体湿润，林木葱茏。遇晴天晨时，从山涧沟壑腾腾地浮起浓雾来。斜坡上的千亩梯田和半山腰的土家村寨在浓雾中若隐若现。朝阳东升，霞光透过浓雾，为梯田和村庄蒙上一层金黄，宛如人间仙境。

卡木的山，精巧瑰奇。邻近杉木河水库，两侧陡峭的山壁耸立着一擎天石柱，仿佛被利斧削平，自下而上不偏不倚，人称"将军岩"。石柱下倚将军庙，庙对面有高矮不一的八根石柱，称"八仙岩"。石柱有的似铁拐驼背蹒跚而行，有的似仙姑金莲玲珑生春，惟妙惟肖。

卡木的水，是万福山麓的柔情。库容1600万方的杉木河水库水面宽阔，水色湛蓝，波光粼粼。水库两岸草地茵茵，可供游人自由憩息，库中陆地蜿蜒前伸出一个月亮状半岛，岛上可露营、野炊、垂钓。

水库周围的林场内，多为原始自然林木，国家重点保护的南方红豆杉、柏乐树、华南黄杉等20多种珍稀濒危树种在这里肆意生长。

在卡木，竹绿是这里的基调。翠竹沿河岸而生，地面竹影斑驳，空中竹绿摇曳。走进竹海，具有浓厚土家特色的休闲山庄分布在河岸一侧。在这里，可以品尝到各式各样的土家

美食：烤全羊色泽金黄，外焦里嫩，骨里透香；炒一碗盛名在外的万坪豆腐，炖一盆万坪火腿，竹林木棚内顿时清香四溢，身心的疲惫一扫而光。

※ 主要看点

杉木河高峡平湖风光，古树，竹林，万坪豆腐、万坪火腿等美食

※ 交通指引

路线一（自驾）：吉首市区上包茂高速转龙吉高速，永顺勾哈出口下，走绕城路出城，沿306省道行驶约18.6公里，转006县道行驶约17.2公里，转村道行驶约6.4公里即达；

路线二（自驾）：永顺县城连洞方向出城，沿306省道行驶约18.6公里，转006县道行驶约17.2公里，转村道行驶约6.4公里，即抵卡木村。

	2
3	4
	5
1	

卡木村秋色
竹韵
杉木河水库垂钓
万坪豆腐
烤全羊

板栗香飘土家寨
——永顺县车坪乡咱河村

咱河村位于永顺县车坪乡境内，距306省道4公里，距张花高速16公里，距县城27公里，塔卧红色旅游精品路线贯通全村。咱河村地势较高，村民依山而居，河流从山底流过，如同淌过手边，由此得名"咱河"，意为"淌在手边的河"。

咱河村群山绵延，276栋土家特色民居嵌在山中，土家转角楼、土家朝门、便民凉亭等传统建筑飞檐翘角、雕龙画凤，古色古香的建筑为这座地处密林深处的小小村庄平添了几分悠远古意。

在咱河，山水是一首流动的歌。风吹树叶沙沙作响，配合鸟语虫鸣，组合为一曲似远又近的歌谣；古老民居随心所欲排列在山水之间，独立于山水又点缀其中。

咱河村与自然相融，也享受着生态的馈赠。板栗是这里的特产，14000多亩野生板栗遍布全村，咱河村因此被誉为"万亩野生富硒板栗村"。新鲜板栗生食甘甜清香，风干后绵软香甜，大火炒熟后细糯爽口，各有风味。

在咱河，板栗不仅是坚果，更是名菜。板栗鸭先炒再炖，香味浓郁扑鼻；板栗炖骨汤汁醇香可口；板栗红烧肉唇齿留香入口即化，是自然经巧心雕琢后的独特美味。

　　车坪萝卜口感酥脆，是这里声名远扬的美食之一。萝卜可炒可调制，切丝佐以辣椒葱蒜爆炒，是风味绝佳的菜品；切块用酸水浸泡，以酱料调制，就成了令人馋涎欲滴的酸萝卜。

※ 主要看点

　　土家民居，万亩板栗园，车坪萝卜园

※ 交通指引

　　路线一（自驾）：吉首市区上包茂高速转龙吉高速再转张花高速，羊峰出口下，沿352国道往石堤方向行驶至石堤镇西眉转进小路进入咱河村；

　　路线二（自驾）：永顺县城连洞方向出城，行驶至石堤镇西眉转进小路进入咱河村；

　　路线三（公共交通）：永顺县城老汽车站乘车坪方向汽车，在咱河村下车，车程约60分钟。

1	2	3
4	5	

古村迎宾客
板栗红烧肉
车坪萝卜
板栗鸭
团圆饭

天路连接的世外村落
——永顺县朗溪乡王木村

　　王木村位于永顺县东南部，是朗溪乡的东大门，地处永顺、怀化、张家界交界处，有"一脚踏三地"之美誉。

　　王木村有一个寨子叫打洞溪，这里流传着一个凄美的传说。而今，王木人用勤劳和果敢在这里创造了一个新的传说。

　　相传，很久以前，在王木村境内的锅福佬山上，住着一位才貌双全、风流倜傥的帅气神仙。在这里，他与山为伴、戏水为乐，享受着这一方山水带给他的悠闲自在。一日，他在溪边垂钓，一位上山采药的美丽姑娘不小心掉进清水潭里。仙哥跳进水里，救起了美丽的姑娘，两人相视一笑，一见钟情。后来，他们相爱了，生儿育女，过着幸福的生活。可是好景不长。某天，王母云游此地，遇见了仙哥正带着他的妻儿在河边捕鱼，顿时大怒，命令天兵天将织下天网，罩住了这方山水，把这变成悬崖峭壁，山势如锅，锅底只有几块平地和缓缓流动的小溪。仙哥很生气，但也没有办法。为了妻儿的生存，他找来工具，想在绝壁凿开一个洞，不曾想，自己已被王母贬为凡人。年复一年，洞没有打开，只是在龙门口打开一个缺口。这个地方便被后人称为"打洞溪"，凿开的地方叫"龙门口"。

　　站在打洞溪仰望四周，目力所及尽是陡峭的绝壁。村民进出打洞溪，要经过一条垂直挂

在悬崖上的木梯，生活在这里的人们世代被困在大山里，与世隔绝。

前些年，王木村人下定决心，发扬愚公移山之志，在绝壁上凿通了一条长55米、宽4.5米、高3.3米的"天窗"隧道。从此，出山的门洞打开了。

寨子里，错落有致的土家吊脚楼立于小溪两岸，溪流潺潺，鸟语花香，不是桃源，胜似桃源。这方宁静秀美的山水，让到了王木的人，流连忘返，乐不思归。

※ 主要看点

王木"天路"，特色民居，世外桃源般的生活

※ 交通指引

路线一（自驾）：吉首市区上包茂高速转龙吉高速再转张花高速，青坪出口下，右转200米后左转进入019县道行驶约50分钟，左转进入032乡道经打洞溪至王木村；

路线二（自驾）：州外游客可由G56杭瑞高速至沅陵互通下，由迎宾北路转241国道行驶90公里抵王木村；

路线三（自驾）：永顺县城至青坪镇转019县道，经永茂镇卓福村右转，行驶约30分钟左转朗溪方向沿032乡道至王木村。

2	王木村一角
3	村头古树
4	王木村悬崖隧道
1	幸福生活乐逍遥
5	吊脚楼上唱山歌

民族风情大观园
——龙山县苗儿滩镇捞车村

  捞车村位于龙山县苗儿滩镇的洗车河与靛房河交汇处，北距龙山县城 75 公里，由彭家寨、惹巴拉和梁家寨三个土家族自然寨构成，有 7 个村民小组，477 户 1788 人，其中土家族占 95%。

  "捞车"是土家语"捞尽泽"的省略，意即"太阳河"。两河交汇，冲积成平川大坝，两河三岸将平坝一分为三，三河绕三寨，三山套三河，形若八卦，势如转轮。河畔古木参天，村庄掩映在苍翠葱茏之中，一派世外桃源景象。

  捞车村历史源远流长，土家民族文化、历史遗存建筑、优美自然风景和谐统一，构成一幅生动画卷。捞车村先后获得"中国民族文化艺术——土家织锦之乡""中国历史文化名村""国家级非物质文化遗产项目土家织锦生产性保护示范基地""中国传统村落""国家森林乡村""全国生态文化村"等多项荣誉称号。

  这里有亚洲最长的土家凉亭桥——惹巴拉土家凉亭桥。桥成"Y"字形连接三个自然村落，全长 288.8 米，石木结构，高五层，飞檐翘角，气势恢弘。村里现存明代建筑 5 栋，清代建筑 58 栋，民国时期建筑 34 栋，以及 287 栋具有特色的窨子屋、四合水屋，构成一个庞大的古建筑群。最为著名的当属土家冲天楼，它以其独特的造型、精湛的工艺，成为土家建筑的范本和"活化石"。

  这里保存有国家级非物质文化遗产"土家摆手舞""毛古斯""土家梯玛""打溜子""咚咚喹"等。这里文化传承人才辈出，叶玉翠被授予"中国工艺美术大师"称号；叶水云被联合国教科文

1	2	3
4	5	

惹巴拉宫
荷映冲天楼
古寨民居
织女竞技
捞车凉亭桥

组织授予"民族工艺美术家"称号；刘代娥是国家级非物质文化遗产——土家织锦项目代表性传承人并被授予"中国工艺美术大师"称号。浓郁古朴的民俗风情，多姿多彩的民族民间文化，给这个古老的村寨增添了厚重的文化含量和恒久的魅力。

※ 主要看点

惹巴拉宫，土家凉亭桥，土家民居，冲天楼，土家民俗非遗项目

※ 交通指引

路线一（自驾）：龙吉高速龙山农车出口下，转242国道往靛房方向行驶约2公里转015县道，往洗车河方向行驶约12公里到靛房镇，转029乡道往洗车河方向行驶约12公里到洗车河镇，再转011县道往苗儿滩方向行驶约7公里到捞车村；

路线二（自驾）：吉首市区上包茂高速转张花高速，在花垣城区出口下，转231省道往龙山方向行驶约43公里到龙山县里耶镇，沿洗里公路行驶约30公里抵捞车村；

路线三（公共交通）：龙山县城客运南站乘往苗儿滩镇的汽车，在捞车村下车即到。

中国民间文化艺术之乡
——龙山县洗车河镇新建社区

　　新建社区位于龙山县中部的洗车河镇，辖区面积 12 平方公里，下辖 5 个村民小组，321 户 1345 人；有耕地 526 亩，林地 5743 亩。

　　洗车河一路流淌，到了洗车河镇，与猛西河交汇，冲积出一片平地，形成一个古老的集镇。一座古桥，将洗车河两岸连为一体，串起成排的吊脚楼，不仅成为美丽的风景，也带来了商业的繁荣。

　　洗车河古风雨桥始建于清乾隆四十五年（1780），距今已有两百多年历史。风雨桥石墩木梁，长 85 米，宽 4 米，桥墩高 9 米，两墩三跨，显得十分的古朴雅致。两岸吊脚楼临河而建，两层三层的，一排排，错落有致，鳞次栉比，特别是晴天倒映在水面上，美不胜收，堪称一绝。明清建筑群"坡子街"，分为上下坡子街，街道两旁商铺林立，里面各种土特产品琳琅满目，是颇负盛名的网红打卡地。每逢赶集日，游人如织，摩肩接踵。各种本地小吃，散发出乡土芬芳，让人垂涎欲滴。

　　这里土家文化底蕴深厚，民族风情浓郁，保存有国家级非物质文化遗产"土家摆手舞""毛古斯""土家梯玛""打溜子""咚咚喹"等，是一处领略土家文化的好去处，2019 年凭借舍巴日入选 2018-2020 年度"中国民间文化艺术之乡"名单。

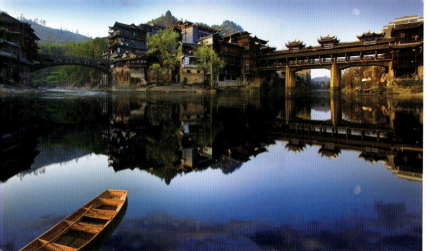

※　主要看点

古风雨桥，洗车河风光，土家吊脚楼，坡子街，土家文化

※　交通指引

路线一（自驾）：龙吉高速龙山农车出口下，转242国道往永顺县方向行驶约2公里转015县道，往洗车河方向行驶约12公里到他砂社区，转029乡道往洗车河方向行驶约8公里到新建社区；

路线二（自驾）：吉首市区上包茂高速转张花高速，在花垣城区出口下，转231省道往龙山方向行驶约43公里到龙山县里耶镇，沿洗里公路往洗车河行驶约40公里抵新建社区；

路线三（公共交通）：龙山县城客运南站，搭乘去往洗车河镇的汽车，在新建社区下车即达。

2	洗车古镇全貌
3	姐妹桥
4	绿树掩映吊脚楼
1	5	欢庆舍巴日
		土家背篓

"中国最大的红军兵工厂"
——龙山县茨岩塘镇甘露村

  甘露村坐落于茨岩塘镇东南方4公里处，平均海拔910米，典型高寒山区。全村下辖10个村民小组，297户1293人；拥有林地2478亩，耕地1434亩。

  茨岩塘镇是湘鄂川黔革命根据地旧址所在地，红二、六军团在这里并肩作战，建立了省、县、区、乡四级苏维埃政府或革命委员会，历时276天。红十八师为策应中央主力红军长征，在湘鄂川黔进行了艰苦卓绝的斗争，牵制敌军几十万兵力，是最后一支长征的红军队伍，在中国革命史上具有崇高的地位与影响。

  甘露村红二、六军团兵工厂旧址坐落在大堡山下的姚家大屋，第二次国内革命战争时期，该兵工厂是中国最大的红军兵工厂。姚家大屋始建于明末清初，由左院、右院组成；木结构，三正三横，为四合水窨子屋；占地面积3400平方米，建筑面积1672平方米。右院为红军被服厂，左院为红军技术学校、兵工厂。兵工厂主要生产马尾炸弹、瓦制手榴弹、长短枪子弹和制作、缝补军服。

  甘露村四周环山，是一个盆地，地势平坦，一条小溪穿村而过。四周群山满目葱郁，田园风光尽收眼底。

※ 主要看点

红军兵工厂旧址，红军医院旧址，田园风光，高山中草药园

　　路线一（自驾）：龙吉高速龙山县城出口下，沿209国道往茨岩塘方向行驶约18公里到茨岩塘镇，转353国道往水田坝方向行驶约4公里达甘露村；

　　路线二（自驾）：龙山县城沿新城大道、209国道往茨岩塘镇方向行驶约18公里到茨岩塘镇，转353国道往水田坝方向行驶约4公里即达；

　　路线三（公共交通）：龙山县城客运东站乘往水田坝的汽车在甘露村下车即到。

2	祥云罩甘露
3	红军兵工厂旧址
4	星星之火
1 5	"红军"巡逻
	大棚蔬菜绿油油

"洛塔精神"传三湘
——龙山县洛塔乡楠竹村

  楠竹村距县城58公里，下辖4个村民小组，247户1063人，是一个以土家族为主的少数民族聚居地。土家族先民首领吴著冲宫殿就建在楠竹村，吴著冲宫殿、寨墙遗址尚保存较好。

  楠竹村海拔1400米，属于典型的喀斯特地貌。水在地下流，人在地上愁，老百姓一直生活困苦。二十世纪六十年代，洛塔公社楠竹大队村民不怕苦、不怕死，下天坑、堵阴河，把水引出来，解决了生产、生活用水问题。1970年湖南省发出《关于开展学洛塔、学野鸡坪的决定》，从此，"自力更生、艰苦奋斗、战天斗地"的洛塔精神传遍三湘，受到周恩来总理称赞。

  楠竹村是乌龙山国家地质公园核心景区，其中石林面积达62平方公里。林内石头造型奇特多姿，塔状、罗汉状、锥状……且古藤缠绕，蔚为大观。"五虎赶六羊景观"和"溪沟石林"尤为有名，有的嵯峨如高山，有的峥嵘如石塔，有的嶙峋如盆景，有的峻峭如险峰，各具特色，层叠交错，气势恢宏。溪沟石林又与长天坑、一线天、婆婆洞、公公洞、莲花岛紧密相伴，形成了石林与溶洞天坑为一体的奇特景观，让人叹为观止。

※ 主要看点

洛塔石林，溶洞，天坑景区，洛塔精神陈列馆

※ 交通指引

路线（自驾）：龙吉高速龙山农车出口下，沿242国道往永顺方向行驶约2公里转015县道，往洗车河方向行驶约12公里到他砂社区，转029乡道往洗车河方向行驶约4公里到洗车河镇，再转011县道洛塔方向行驶约28公里到楠竹村。

高高的洛塔界
洛塔精神陈列馆
洛塔溶洞——灵洞
楠竹石林
"时光隧道"

"九把锁"上的土家山寨
——龙山县红岩溪镇头车村

　　头车村地处红岩溪镇东南部，龙吉高速和红洗公路穿境而过，总面积 12 平方公里，土地面积 1700 亩，下辖 6 个村民小组，316 户 1447 人，入选第五批中国传统村落名录。

　　头车村原名头车湖，"湖"是土家语，为田坝宽广的意思。因红岩溪大河从这里经过，百姓种田用河水灌溉，靠竹筒水车车水，于是河两岸架满了竹子水车，流水日夜不断，故名头车。

　　头车村大字古寨从高处俯瞰像"大"字形，分为上寨、中寨、下寨、小沟四寨。古寨沿山而建，小溪穿寨而过，古色古香，恬静悠然。寨内共有保存完好的土家吊脚楼 69 栋，其中百年以上的十余栋。木屋式样多，有单层、双层，有排扇楼、转角楼、吊脚楼；木屋青瓦翘檐，且有机融入中国传统石文化，建有石槽、石磨、石柱、石阶、石墙、石井等配套设施。寨内土家山歌、"咚咚喹"等土家传统技艺保存完好。

　　头车村"九把锁"山造型独特，巍然耸立的九座山像九把锁连环紧扣。山下的布尔湖寨，造型好似撒娇的孩子投身母亲温暖怀抱。山中有一奇洞，俗称"救命洞"。洞内怪石嶙峋，岔洞众多。神奇峻秀的贝壳山，岩石花纹像沙滩贝壳一样绚丽多彩，不逊张掖丹霞地貌，令人叫绝。

※　主要看点

　　古寨吊脚楼群，三松亭，红岩溪风光

※　交通指引

　　路线一（自驾）：龙吉高速龙山红岩溪出口下，沿 209 国道往红岩溪方向行驶，约 6 公里转呼北线到红岩溪镇，再转红东线往洗车河镇方向行驶 5 公里抵头车村；

　　路线二（自驾）：龙山县城沿新城大道、209 国道往茨岩塘镇方向行驶，约 34 公里转呼北线到达红岩溪镇，再转红东线往洗车河镇方向行驶 5 公里到头车村。

1	2	夕阳下的古寨
		红岩溪漂流
	3	稻田抓鱼
	4	乡村年货节
	5	幸福农家

"世界溶洞博物馆"
——龙山县桂塘镇双景村

桂塘镇双景村位于龙山县西部中段，辖区面积 10.7 平方公里，耕地面积 1497 公顷，林地面积 5960 公顷，下辖 8 个村民小组，338 户 1339 人。

双景村钟灵毓秀，风光旖旎，溶洞遍布，被称为"世界溶洞博物馆"。村内皮渡河水绿如碧玉，两岸有 212 个溶洞，气势恢弘，深邃莫测。其中以惹迷洞最为著名，深 2.5 公里，平均高、宽 20 米。著名画家黄永玉先生有赞"龙山二千二百洞，洞洞奇瑰不可知"。溶洞群不仅洞景奇丽壮观，洞中还隐藏着种种珍奇动物，如娃娃鱼、盲虾、盲蝌蚪和盲鱼等。境内坑鼓星罗棋布，有大小坑鼓 18 个，最有名的当数天坑鼓、大偏鼓、小偏鼓，个个风景奇特，又各有千秋。

这里保留着 300 余栋土家民居，有 20 多栋吊脚楼保存完好。50 余栋土家特色民居，黑柱白墙，青瓦翘檐，与凉亭桥、石柱走廊、游道融为一体，浑然天成，形成了大峡谷的一道独特风景。

双景村人杰地灵，培育了当代著名作家蔡测海。他以家乡为题材创作的小说、散文《母船》《远处的伐木声》等，在中国当代文学史上具有一定影响。在他的影响下，这方山水涌

| 1 | 2 | 3 |
| | 4 | 5 |

皮渡河上对山歌
溶洞景观——飞瀑垂帘
秀丽的峡谷风光
鲢鱼洞口迎宾客
小船悠悠划过来

现出了黄光耀、梁厚能、彭承忠、王爱等一批中青年作家，引起社会广泛关注。

这里土家族民俗风情浓郁，至今仍保留着大年三十守岁、过小年、敬灶神、哭嫁、拦门礼、吃社饭、唱山歌、熏腊肉等传统风俗。

※ 主要看点

惹迷洞、鲢鱼洞、飞虎洞等溶洞风光，乌龙山大峡谷，坑鼓地貌，土家民俗

※ 交通指引

路线一（自驾）：龙吉高速龙山县城出口下，沿新城大道往洗洛方向行驶约10公里到洗洛镇，再转260省道往桂塘镇方向行驶约30公里抵双景村；

路线二（自驾）：龙山县城沿209国道往洗洛镇方向到洗洛镇，再转260省道往桂塘镇方向行驶约30公里抵双景村；

路线三（公共交通）：龙山县城客运南站搭乘往桂塘镇的汽车在双景村下车即到。

田园牧歌文脉兴

——龙山县茅坪乡长兴村

长兴村位于茅坪乡西南部，上接洛塔界，下连龙潭河，距离乡政府 10 公里，茅召公路穿村而过；下辖 10 个村民小组，393 户 1563 人。

长兴村自古文风鼎盛，素有"耕读文化、诗书传家"的优良传统。明朝有彭志理官拜三品，清朝有向文道与彭志道联手修路——从洛塔到召市全部铺上青石板；有向彩会开堂讲学，创办学校，积极宣传抗日思想，筹钱筹粮，名声响彻湘鄂川边；先后有先烈 10 人为民族的解放事业作出了巨大牺牲。新中国成立以来村里还培养了许多进入清华大学、南京大学等重点大学深造的高级人才。

这里有美丽风景。古有明代石拱桥，向氏源流迁徙"兆碑"，乾隆时代的石水缸；观音岩、九把锁、心鸡嘴、青龙坳、司刀河的历史传说，荡气回肠；麻阳洞、天门洞、田家寨古堡遗址，仿佛依然弥漫着当年的烽火狼烟。今有自然寨依山傍水而建，青瓦木屋掩映于苍松翠竹之间，浑然一体，错落有致，形成一幅"小桥、流水、人家"的水墨丹青画卷。

※ **主要看点**

　　明代石拱桥，兆碑，乾隆时期石水缸，麻阳洞，天门洞，田家寨古堡遗址，水月洞天

※ **交通指引**

　　路线一（自驾）：龙吉高速龙山茅坪出口下，沿 209 国道往龙山方向行驶约 5 公里到茅坪乡，再转 012 县道往召市方向行驶约 10 公里抵长兴村；

　　路线二（公共交通）：龙山县城客运南站乘往召市镇的汽车在长兴村下车即到。

```
            2
        ┌──────────
        3 │ 4
    1
```

长兴村鸟瞰

冬之韵

凉亭古桥

小溪浣衣

明清建筑古村落
——龙山县里耶镇巴沙村

　　巴沙村位于里耶古镇北端，距镇区20公里，下辖5个村民小组，4个自然寨（岔溪、巴沙湖古寨、王家寨、马洛），共有353户1327人；辖区面积12平方公里，山林覆盖率超过80%，入选第四批中国传统村落名录。

　　巴沙又名巴沙湖，三面环山，一面临水。小河绕村而过，伴随着水车"吱呀呀"地流转；水月庵、尖山、长毛洞、小溪凉风洞等自然景观，被周围绿树所掩映。

　　巴沙村盛产桐油。强宗大姓"向氏"荒地植桐树，六个桐油坊锤声不断，油船把桐油运到常德、汉口，由此发家，成为湘西桐油大王，富甲一方。"向氏六大家"大兴土木，建设庄园，给巴沙村留下了一个有着四百多年历史的明清建筑古寨。

　　巴沙村古寨内一排排封火墙，一栋栋土家转角楼，石头巷子、封火院墙、窨子大屋、冲天楼等依山而建，气势雄伟。寨内台阶、院坝、阶沿、院墙奠基都是石块铺成，被打磨得光亮整齐，十分坚固。木质房屋周身反复刷上了桐油，古色古香。寨内交通甬道由清一色石板铺就，院落之间以封火院墙相隔，青瓦屋顶掩映在错落有致的马头墙之间。建筑典范为"向氏六大家"庄园，由十四栋封火墙大宅院组成，均依山造势，高低错落，依序排列，雄峙寨中，组成气势恢弘的庄园格局。保存完好的有向家大院、南苑导居、家训古屋。村内两口古井修建于明崇祯末年，井水冬暖夏凉，不浑不枯。

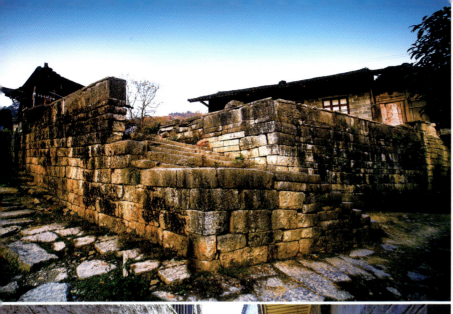

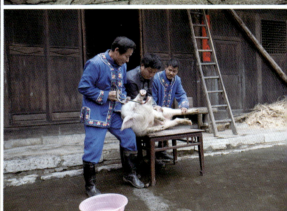

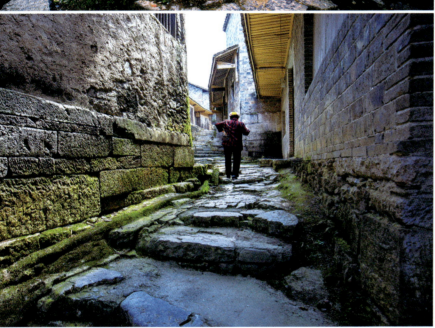

2	4
3	5
1	6

巴沙湖古寨全貌
巴沙古屋
明清老街
丰收的喜悦
土家过年打糍粑
杀年猪

※ **主要看点**

"向氏六大家"庄园，向家大院，南苑导居，家训古屋等古建筑，明崇祯末年遗留古井

※ **交通指引**

路线一（自驾）：吉首市区上包茂高速转张花高速，在花垣城区出口下，转231省道往龙山方向行驶约43公里到里耶镇，转260省道往龙山方向行驶约27.4公里至灭贼村，再转038乡道行驶约13公里到达巴沙村；

路线二（自驾）：龙山县城沿209国道往洗洛方向行驶8公里到洗洛镇，转260省道往里耶镇方向行驶约83公里到灭贼村，再转038乡道行驶约13公里到达巴沙村；

路线三（自驾）：州外游客可经龙吉高速在龙山县城出口下，沿新城大道、209国道往洗洛方向行驶约10公里到洗洛镇，转260省道往里耶方向行驶约83公里到达灭贼村，再转038乡道行驶约13公里到达巴沙村。

杨家寨的"三杯酒"
——龙山县里耶镇杨家村

　　杨家村距里耶古镇15公里，辖区面积4.5平方公里，为土家族聚居中心区，下辖2个村民小组，共有195户700余人。

　　清道光年间，杨氏祖先于此地立寨，世代族居，因杨姓比重大，故称杨家寨，后更名杨家村。村内芳草鲜美，落英缤纷，古树参天，有百年老树30多棵，蔚然成林。杨家村因此入选"国家森林乡村"。村内现存古井三口、老房子70多栋，虽经岁月洗礼，却历久弥新。

　　杨家村是中国土家族最核心区域之一，村民们现仍使用土家语。土家族特有的摆手舞、毛古斯、挖土锣鼓、打溜子、咚咚喹、哭嫁歌、西兰卡普（土家织锦）等民俗民艺在这里传承完好。

　　"土家多美酒，美酒敬宾朋。"杨家村人天生好客，喜欢以酒展现土家民族的热情。最有名的就是杨家人迎送客人的"三杯酒"。"三"在土家文化里代表吉祥的意思。得知客人要来时，主人会先准备好酒壶或者酒杯，站在门口翘首以盼，等客人一下车或者一下马，就要先敬"下马三杯酒"；客人在进门时还要敬"进门三杯酒"；等客人坐下时，再敬"吉祥

如意三杯酒"。离开时，则要喝"出门三杯酒"。敬"出门酒"时，长号、唢呐同时吹奏"留客调"，男女青年欢歌起舞，主人手捧酒杯，唱起送客的酒歌，表达自己的牵挂、挽留。客人必须把这杯酒喝掉才能起程。"万丈红尘三杯酒，千秋大业一壶茶"，杨家人把一切的情义全部融在这醇香的"三杯酒"里了。

※ 主要看点

土家摆手舞，挖土锣鼓，打溜子，杨家三杯酒

※ 交通指引

路线一（自驾）：吉首市区上包茂高速转张花高速，花垣城区出口下，转231省道往龙山方向行驶约43公里到里耶镇，转048乡道行驶约2公里到长春村，再转047乡道行驶约7公里抵杨家村。

路线二（自驾）：龙山县城沿209国道往洗洛方向行驶约10公里到洗洛镇，转260省道往里耶方向行驶约100公里到里耶镇，转048乡道行驶约2公里到长春村，再转047乡道行驶约7公里到达杨家村。

南方的"空中草原"

——龙山县里耶镇自生桥村

　　自生桥村位于素有南方"空中草原"之称的八面山上，距里耶古镇25公里，全村面积3万亩，其中耕地面积6500多亩，草地7200多亩。全村有6个村民小组，7个自然寨，205户740人。八面山北依里耶古镇，因山有八面而得名。八面山四面均为悬崖绝壁，南北长约40公里，最宽处约5公里，只有一条15公里的乡道可以通往山上，大有"一夫当关，万夫莫开"之势。

　　自生桥村海拔1200米，属典型的高山台地，年平均气温20度左右，四季分明，风景优美，景色宜人。草场、奇峰、溶洞、天桥、天坑、阴河、绝壁、石林、云山、雾海，构成奇特景观，宛若人间仙境。

　　山顶是地势开阔平坦的草甸和小丘陵地貌，有草场近5万亩，是南方最好的天然牧场。燕子洞是在险峻绝壁之上并排着的五个洞，大的可容纳上千人，是旧时土匪蟠踞之所。自生桥一桥生三洞，桥中有洞，洞中有桥，是典型的喀斯特地貌，集天坑、地缝、天生桥等地貌于一体，具有丰富的旅游和科考价值。

　　这里是土家族、苗族集聚地，至今仍保留着大年三十守岁、过小年、敬灶神等传统风俗。凡逢红白喜事或田间地头小憩，都能听到村民朗润的山歌声，村民男女对歌，气氛好不热闹。

1	2
	3	4

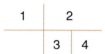

"空中草原"牧场
燕子洞日出
八面山星空
八面山夕照

※ **主要看点**

燕子洞，自生桥，天然牧场，云山雾海日出日落

※ **交通指引**

路线一（自驾）：吉首市区上包茂高速转张花高速，花垣城区出口下，转231省道往龙山方向行驶约43公里到里耶镇，转049乡道行驶约25公里抵自生桥村；

路线二（自驾）：龙山县城沿209国道往洗洛镇方向行驶约10公里到洗洛镇，转260省道往里耶镇方向行驶约100公里到里耶镇，转049乡道行驶约25公里到达自生桥村。

酉水河畔的脐橙之乡
——龙山县里耶镇岩冲村

岩冲村，位于里耶古镇东北方，酉水之滨，下辖 8 个村民小组，共有 307 户 1263 人，种有 2000 多亩柑橘、脐橙。这里有望不见尽头的青山，有延绵不息的溪流，有闻名遐迩的里耶脐橙，有令人陶醉的土家文化。

岩冲村是里耶脐橙、柑橘之乡，是全国"一村一品"示范村。春天，一簇簇细小的白花藏在绿叶间，散发出缕缕清香，沁人心脾。不久花谢了，树枝上留下颗颗比米粒略大的骨朵，像一位穿绿衣的妙龄女郎。到了秋天，橘子树下像落满晚霞一样，黄澄澄、金灿灿的，落叶给大地母亲披上了一件金黄的外衣。一阵阵浓郁的橘香随风飘来，令人心旷神怡。

岩冲村属富硒产业带，有独特的小气候条件。脐橙果实呈长椭圆形或短椭圆形，橙红色外观，果面光滑，皮薄橙红，肉质细嫩，汁多味浓，酸甜可口，香气浓郁，可溶性固形物含量可达 12%~14.3%，且含有人体需要的多种维生素及硒元素。

"里耶脐橙"被认定为国家绿色食品 A 级产品、中国国家地理标志证明商标，是湘西州名副其实的第一优质脐橙，产品远销北京、上海、重庆、香港及俄罗斯、东南亚。

※ **主要看点**

　　万亩脐橙园，土家文化

※ **交通指引**

　　路线一（自驾）：吉首市区上包茂高速转张花高速，花垣城区出口下，转231省道往龙山方向行驶约43公里到里耶镇，转260省道往龙山方向行驶约7公里抵岩冲村；

　　路线二（自驾）：龙山县城沿209国道往洗洛方向行驶8公里到洗洛镇，转260省道往里耶方向行驶约96公里抵岩冲村；

　　路线三（公共交通）：龙山县城客运南站乘往里耶镇的汽车在岩冲村下车即到。

1	2	脐橙连上致富路
	3	橘园深处新农家
		丰收在手
	4	最美农家

大灵山下的百合之乡
——龙山县石牌镇桂英村

桂英村坐落于大灵山下、果利河畔，距龙山县城24公里，有15个村民小组，607户2413人。

桂英村依山傍水，风景秀丽，是个两山夹一坝的美丽村落。环绕着桂英村的大灵山，有独特的三潮洞，散落在山间的大小瀑布，飞珠溅玉，美不胜收。山中落叶松与杉木众多，森林覆盖率超过90%。古树盘根错节，新苗郁郁葱葱，使该村成为一个天然氧吧，空气清新，沁人心脾。村内卧龙水库水质清澈，生态鱼肥美鲜嫩，深受人们喜爱。

龙山百合是国家地理标志保护产品，石牌镇是"全国一村一品百合示范镇"，石牌镇桂英村主要种植百合，也被称为"百合之乡"。村里种植的卷丹百合，形态卷曲，颜白如玉，味微苦，营养价值高，畅销国内外。

每到节日，桂英村人会举行各种各样的民间文艺活动。花灯节的时候，夜幕降临，街上华灯如昼，熙熙攘攘，一派热闹景象。款式繁多、制作精良的花灯纷纷被点亮，照亮整个村庄。还有人将花灯放入河里，带去自己的祝福。烛光摇曳，如梦似幻。

　　大灵山，三潮洞，大小瀑布，卧龙水库，百合产业

　　路线一（自驾）：吉首市区上包茂高速转龙吉高速，龙山县城出口下，沿 209 国道往茨岩塘方向行驶约 6 公里到兴隆街道，再转 002 县道往石牌方向行驶约 16 公里抵桂英村；

　　路线二（自驾）：龙山县城沿新城大道、209 国道往茨岩塘方向行驶约 6 公里到兴隆街道，再转 002 县道往石牌方向行驶约 16.4 公里即到桂英村。

卧龙水库连山寨
百合种植基地
高高山上葡萄园
如莲百合

湘西之巅　澧水之源

——龙山县大安乡万宝村

　　万宝村地处大灵山脉北端，北与湖北省宣恩县红旗界接壤，距龙山县城75公里，离大安乡政府4.5公里，下辖11个村民小组，220户695人，有耕地面积1831亩。大灵山平均海拔1100米，最高峰万宝峰海拔1736米，为湘西自治州最高峰，素有"湘西之巅"的美称。这里还是湖南"三湘四水"中澧水的发源地，又称"澧水之源"。

　　万宝山上生万宝，这里是天然的国药基地，种植着田七、天麻、黄连、七叶一枝花等珍贵药材，有"植物界的活化石"——国家一级保护植物野生珙桐近百株。

　　这里不仅景色美，人更纯朴，敬老尊贤，蔚然成风。志愿服务者走进家家户户，互帮互助，其乐融融，一片祥和。村里真正实现了"老有所终，壮有所用，幼有所长，鳏、寡、孤、独、废疾者皆有所养"。

　　2018年，村里在万宝峰新建高层瞭望塔一座，配有高品质的帐篷露营基地和停车场，登高望远，可以俯瞰两省三县美景。

※ 主要看点

　　万宝峰，百亩药园，"植物活化石"珙桐

※ 交通指引

路线一（自驾）：吉首市区上包茂高速转龙吉高速，龙山红岩溪出口下，沿209国道往茨岩塘方向行驶约26公里到茨岩塘镇，转353国道往水田坝镇方向行驶约6公里到新场坳村，再转001县道往大安方向行驶约21公里抵万宝村；

路线二（自驾）：龙山县城沿新城大道、209国道往茨岩塘方向行驶约15公里到茨岩塘镇，转353国道往水田坝镇方向行驶约6公里到新场坳村，再转001县道往大安方向行驶约21公里。

世外桃源桐花寨

——龙山县咱果乡脉龙村

脉龙村位于咱果乡西北部，距乡政府所在地 2 公里；总面积 21.5 平方公里，耕地 1100 亩，林地 28000 多亩，油桐 5000 余亩；下辖 8 个村民小组，共有 517 户 1908 人。

脉龙有距今 3.5 亿年的海底化石——飞燕石，生物活化石——红螃蟹，3.5 亿年前的海底抬升遗存——高山芦苇依旧高高飘扬在脉龙界顶，古堡、古战壕遗址默然肃立于寨中。

脉龙村是"中国传统村落"，转角楼、吊脚楼、排扇屋等土家传统木楼，依山而建，鳞次栉比，错落有致，十分有层次感。特别是"走马楼"，四周都有走廊可通行，楼层之间相互连通。寨前屋后是一层又一层的梯田，层层叠叠，种满庄稼，夏天一片翠绿，秋天遍地金黄。四周群山耸立，清澈的溪流潺潺有声，贯穿整个寨子。

脉龙界桐花寨，上万亩油桐树林自上而下，井然有序地散布于山间。每到花期，漫山遍野的桐花如雪花一般在山间绽放，白色的花海极为壮观，让人叹为观止。这里因所产的桐油品种优良，被誉为"全国金色桐油之乡"。

现在，全村制作了包括"桐花蜜""山茶油""瓜蒌子""山竹笋"在内的30多个"桐花寨"商标的系列产品，成为远近驰名的特色农产品。

※ **主要看点**

旧时古堡，古战壕遗址，土家传统木楼建筑，桐花花海，樱花花海

※ **交通指引**

路线一（自驾）：吉首市区上包茂高速转张花高速，花垣城区出口下，沿231省道往龙山方向行驶约43公里到里耶镇，转260省道往龙山方向行驶约46公里抵脉龙村；

路线二（自驾）：龙山县城沿209国道往洗洛方向行驶约8公里到达洗洛镇，转260省道往里耶方向行驶约56公里抵脉龙村。

2	炊烟起处是故乡
1	3	古树掩映吊脚楼
	桐花寨上走马楼
4	烂漫桐花入画图

后 记

　　2013年以来，湘西州大力开展城乡同建同治工作，全域推进美丽湘西建设，城乡环境面貌焕然一新。特别是2017年启动"美丽乡村示范创建三年行动计划"以来，通过实施乡村规划提升、基础设施提质、人居环境美化、特色民居保护、产业富民强村、乡风文明培育"六大行动"，基本实现了美丽乡村创建全覆盖，如今"养在深闺人未识"的美丽乡村，已成为湘西州全域旅游的最美风景之一，最形象、最真实地诠释着湘西之美。

　　我们围绕"土家探源""神秘苗乡"两条生态文化村镇旅游路线，精选了100个美丽乡村，编辑成《美丽乡村湘西行——湘西自治州100个美丽乡村》一书，作为美丽乡村游的导览指南。真诚期待本书能促成朋友们的湘西之行，来到湘西的美丽乡村走一走、看一看、住一住，感受这令人心驰神往、流连忘返的美丽画卷。本书通过图文资料加上扫描二维码进入电子智能导览系统的方式，既能向人展示美丽乡村的优美生态、丰富资源、特色产业，又可让人领略村史人文、乡村发展和品味乡愁。这些村既有共同的美丽，又各有韵味。有的承载着民族文化的源远流长，如八百年土司王朝故都司城村、苗祖圣山吕洞村、辰河高腔发源地浦溪村；有的见证着自然山水的沧海桑田，如五亿年前海底世界红石林村、石器时代建筑活化石隘门村、世界溶洞博物馆双景村；有的书写着人民群众战天斗地的革命豪情，如全国精准扶贫首倡地十八洞村、产业兴村好榜样菖蒲塘村、山环水绕豆腐飘香的坪朗村……

　　本书在编写过程中，得到了各级领导的关心关注和各级各部门的大力支持，各县市为本书编撰提供了大量素材，广大摄影爱好者为本书提供了高质量图片，在此一并表示诚挚的感谢。

本书编委会

2020 年 9 月

图书在版编目（CIP）数据

美丽乡村湘西行：湘西自治州100个美丽乡村 / 湘西自治州建设美丽
湘西工作领导小组办公室主编.—长沙：湖南大学出版社，2020.10

ISBN 978-7-5667-2031-3

Ⅰ.①美… Ⅱ.①湘… Ⅲ.①农村—社会主义建设—湘西土家族苗族
自治州 Ⅳ.①F327.642

中国版本图书馆CIP数据核字（2020）第172841号

美丽乡村湘西行

——湘西自治州100个美丽乡村

Meili Xiangcun Xiangxi Xing——Xiangxi Zizhizhou 100 Ge Meili Xiangcun

主　　编：湘西自治州建设美丽湘西工作领导小组办公室

责任编辑：邹　彬

印　　装：湖南天闻新华印务有限公司

开　　本：889mm×1194mm　1/16　　印张：13.5　　字数：340千

版　　次：2020年10月第1版　　印次：2020年10月第1次印刷

书　　号：ISBN 978-7-5667-2031-3

定　　价：108.00元

出 版 人：李文邦

出版发行：湖南大学出版社

社　　址：湖南·长沙·岳麓山　　　邮编：410082

电　　话：0731-88822559（营销部）　88821251（编辑部）
　　　　　　88821006（出版部）

传　　真：0731-88822264（总编室）

网　　址：http://www.hnupress.com